YAMAGUCHI SHU
山口周

知的戦闘力を高める

# 独学の技法

ダイヤモンド社

思うに私は、価値のあるものは
すべて独学で学んだ。

チャールズ・ダーウィン

# はじめに

本書の目的は、知的戦闘力を向上させるための「独学の技術」を読者の皆さんに伝授することです。

私は、20代を大手広告代理店で、30代を外資系戦略コンサルティングファームで過ごした後、40代に入ってからは組織・人材領域を専門に扱う外資系アドバイザリーファームで働いています。

また、30代の半ばからは、これらの、いわゆる「本業」に加えて、ビジネススクールをはじめとしたさまざまな教育・研修機関でファカルティ（教員）として働きながら、年に数冊のペースでの書籍執筆を続け、またプライベートでは人材育成や哲学勉強会のワークショップも続けています。

さて、そんな仕事人生を歩んでいる私ですが、これらの仕事をするために一般的に必要と考えられている科目であるマーケティングや経営学、あるいは組織論や心理学について、学校で正式に学んだことは、実は一度もありません。つまり、すべて独学です。

私が大学の学部および大学院で学んだのは哲学と美術史です。哲学という学問についてはそれなりにイメージできると思いますが、美術史というのはどうもピンとこない、という人が多いかもしれません。

美術史というのは、音楽・絵画・彫刻・建築といった芸術表現が、歴史的にどのように変化してきたのか、その変化は人や社会のありようとどう関わっているのかを考える学問です。

両方とも、いわゆるリベラルアーツと呼ばれる領域に含まれる学問です。リベラルアーツが、いかにして現代を生きる私たちの「知的戦闘力」に寄与するかについては、本書の中ほどで改めて考察しますが、こと「直接的なビジネスへの有用性」という点で考えてみれば、もっとも「役に立たない」学問の代表だと言っていいかもしれません。

そうした学問をずっと学んできた一方で、経営学などの実践的な学問については正式な教育を受けたことのない人間が、20代は広告代理店で顧客のマーケティング戦略を作成し、30代ではさまざまな企業の買収案件のデューデリジェンス（適正評価手続き）や新規事業戦略の策定を支援し、現在は日本を代表するような企業の組織開発・人材育成を支援する仕事をやっているわけです。

このような、いわば「専攻と縁遠いキャリア」を歩むことができたのは、ひとえに独学のおかげだと考えています。本書では、このような仕事人生を通じて、私自身が試行錯誤をしながら構築した「独学の技術体系」を読者と共有したいと思います。

## 独学を「システム」として捉える

私は、独学をシステムとしてイメージしない限り、本書の目的である「知的戦闘力を向上させる」という目的は、達成できないと考えています。

独学というのは大きく、

**「①戦略」「②インプット」「③抽象化・構造化」「④ストック」**

という四つのモジュールからなるシステムと考えることができます。世の中には多くの「独学に関する本」があり、私もかつてそれらに目を通したことがあるのですが、こうした本のほとんどは「独学術」というよりも、むしろ「読書術」や「図書館利用術」というべきものでした。

つまりこうした「独学術」の多くは、「独学のシステム」における「インプット」の項目しか扱っていないわけです。しかし、独学の目的を「知的戦闘力の向上」に置くのであれば、独学をシステム全体として捉える考え方が必要です。

なぜかというと、システムの出力はボトルネックに規定されるからです。たとえば、どんなに「インプット」の量が多くても、「抽象化・構造化」ができなければ、そのインプットによって単なる「物知り」にはなれるかもしれませんが、状況に応じて過去の事例を適用するような柔軟な知識の運用は難しいでしょう。

あるいはまた、たとえ「抽象化・構造化」ができたとしても、その内容が高い歩留まりで整理・ストックされ、状況に応じて自在に引き出して使うことができなければ、やはり「知的戦闘力の向上」は果たせないでしょう。

知的戦闘力には身体能力と同じで瞬発力と持久力の両方が求められますが、インプットされた情報を臨機応変に引き出せなければ、知的戦闘力の「瞬発力」において、大きな問題を抱えることになります。

この点については改めて触れますが、インプットされた情報のほとんど、感覚的には9割以上は忘却されることになります。この問題に対して「いかに忘却を防ぐか」を考えても仕方がありません。知的戦闘力の向上を図ろうとすれば、むしろ「インプットされた内容の9割は短期間に忘却される」ことを前提にしながら、いかに文脈・状況に応じて適切に、忘れてしまった過去のインプットを引き出して活用できるかがカギなのです。

先述した通り、これまでに書かれた独学に関する本のほとんどは（あえて「すべて」とは言いませんが）、いかにしてインプットするかという点にばかりフォーカスしています。しかし、イノベーションがさまざまな分野で進行し、知識の減価償却が急速に進む現在のような世の中では、こうした静的で固定的な知識を獲得するための独学法は負担が大きいばかりであまり役に立ちません。

なぜなら、インプットされた知識の多くは短いあいだに「知識としての旬」を過ぎてしまうからです。本書が、これまでに書かれた多くの「独学に関する書籍」と違う点は、独学を「動的なシステム」として捉え、徹底的に「知的戦闘力を高める」という目的に照らして書かれているという点にあります。

## 重要なのは「覚えること」を目指さないこと

独学を動的なシステムとして捉えるということは、必然的にある結論を導きます。それは、この独学法においては「覚えること」を目指さない、ということです。これが、独学に関する類書と本書を分かつ最大のポイントということになります。

恐らく多くの人は、「高い知的戦闘力」をそのまま、「膨大な知識量＝知的ストック」と紐づけて考えると思います。

しかし、一方で「覚える」ということはインプットした情報を固定的に死蔵させるということでもあります。一度インプットした情報が、長い年月にわたって活用できるような変化の乏しい社会状況であればこの独学法は機能したかもしれません。

しかし、現在のように変化の激しい時代であれば、インプットされた知識の多くが極めて短い期間で陳腐化し、効用を失うことを前提にして独学のシステムを組む必要があります。

「覚えないこと」を前提にした上で独学のシステムを構築する際、カギとなるのは「脳の外部化」です。一度インプットした情報を自分なりに抽象化・構造化した上で、外部のデジタル情報として整理しストックする。

つまり、いったん脳にインプットした情報は、エッセンスだけを汲み取る形で丸ごと外に出してしまうわけです。汲み取ったエッセンスをストックする場所はフリーアクセス可能な外部のデジタルストレージであり、脳のパフォーマンスは、あくまでもインプットされた情報の抽象化・構造化にフォーカスさせます。そうすることで「覚えること」に時間をかけずに、知的戦闘力を向上させることが可能になるわけです。

数々のイノベーションを主導してきたことで知られるＭＩＴメディアラボの創設者であるニコラス・ネグロポンテは、いみじくも次のように指摘しています。

**Knowing is becoming obsolete.**
**「知る」ということは、時代遅れになりつつある。**

ニコラス・ネグロポンテ
（1943～）MIT メディアラボ創設者

中世において、「知識」とは教会の図書館に収蔵されている書籍にインクで書かれている情報でした。この「知識」を獲得するためには、当時、極めて貴重だった書籍へ物理的にアクセスすることがどうしても不可欠だったわけですが、そのような立場にある人はごくごく少数であり、その少数者は、「情報にアクセスできる」というその立場ゆえに大きな権力を持つことになりました。

つまり、この時代において「知る」ということは、物理的に本を読み、知識を頭の中に蓄えることだったわけです。これは現在においても、私たちの多くが「知る」という言葉についてイメージする行為そのものと言えるでしょう。

しかし今日、あらゆる知識はフリーアクセス可能なインターネット上に存在するようになりつつあります。私たちは、自分の脳の海馬に記憶された情報にアクセスするのと同じように、インターネットという巨大な「グローバルブレイン」に、いつでもアクセスできる世界に生きているわけです。

そのような世界において、「知る」、つまり知識を情報として脳内にストックすることの意味合いについて再考すべきときが来ている、とネグロポンテは言っているわけです。

そして繰り返せば、本書は、まさに「『知る』ということが時代遅れになりつつある時代」における、新しい独学のあり方を模索し、それを読者の皆さんと共有することを目的に書かれています。

本やノートに書いてあることをどうして
憶えておかなければならないのかね？

アルバート・アインシュタイン
（新聞記者のインタビューで、光速の数値を答えられずに）
『ＮＨＫ　アインシュタイン・ロマン』

# いま「独学」が必要な四つの理由

私は、「独学の技術」がこれほどまでに求められている時代はない、と考えています。理由は大きく四つあります。キーワードでそれぞれを挙げれば「知識の不良資産化」「産業蒸発の時代」「人生三毛作」「クロスオーバー人材」ということになります。順に説明していきましょう。

## ①「知識の不良資産化」――学校で学んだ知識は急速に時代遅れになる

まず一つ目が「知識の不良資産化」です。

これは、わかりやすく言えば、学んだ知識が富を生み出す期間がどんどん短くなってきている、ということです。

たとえば、ビジネススクールで教えているマーケティングについて考えてみるとわかりやすい。ほんの10年程度前まで、ビジネススクールで教えているのはフィリップ・コトラーを始祖とする古典的なマーケティングのフレームワークでした。つまり、市場を分析して、セグメントに分け、ターゲットとなる層に合わせてポジショニングを決め、4Pを確定するというアプローチです。

私自身も30代の半ばからビジネススクールでマーケティングを教える教員をやっていた時期がありますが、基本的に依拠していたのはこういった「お決まり」の枠組みでした。ところがご存知の通り、こういったフレームワークは今日、ものすごい勢いで時代遅れになりつつあります。

昔であれば、一度学校に通って習い覚えた知識は、プロフェッショナルの知的生産を生涯にわたって支える大きな武器になったわけですが、こういった知識のおいしい時期、いわば「旬」が、どんどん短くなっているわけです。

このような世の中にあっては、自分が過去に学んだ知識をどんどん償却しながら、新しい知識を仕入れていくことが必要になります。そのような時代において、「独学の技術」が重要性を増すであろうことは、容易にご理解いただけることと思います。

## ②「産業蒸発の時代」――イノベーションはいまの仕組みを根底から覆す

二つ目が「産業蒸発の時代」です。今日、多くの産業・企業において「イノベーション」が最重要な課題として挙げられています。これはこれでよく知られている話なので、いまさら改めて指摘するまでもないのですが、では多くの企業が目標としてイノベーションを掲げると、どういうことが起こるのかという点についてはあまり語られることがありません。その当然の帰結が、多くの領域で発生するであろう「産業の蒸発」という事態です。

どういうことか、説明しましょう。

イノベーションというのは、それまでの価値提供の仕組みを根底から覆すような変革を指します。これはつまり、イノベーションの発生以前にビジネスを行っていた企業が、その領域でのビジネスを根こそぎに奪われ、いわば蒸発して消滅するような事態が発生することを意味します。したがって、多くの領域でイノベーションが加速すれば、それはとりもなおさずイノベーションを成し遂げられなかった企業や事業の蒸発が大量に発生することになります。

典型例がアップルによるスマートフォン市場への参入です。アップルが最初のスマート

**図1 国内携帯電話出荷台数シェア(2007年通期)**

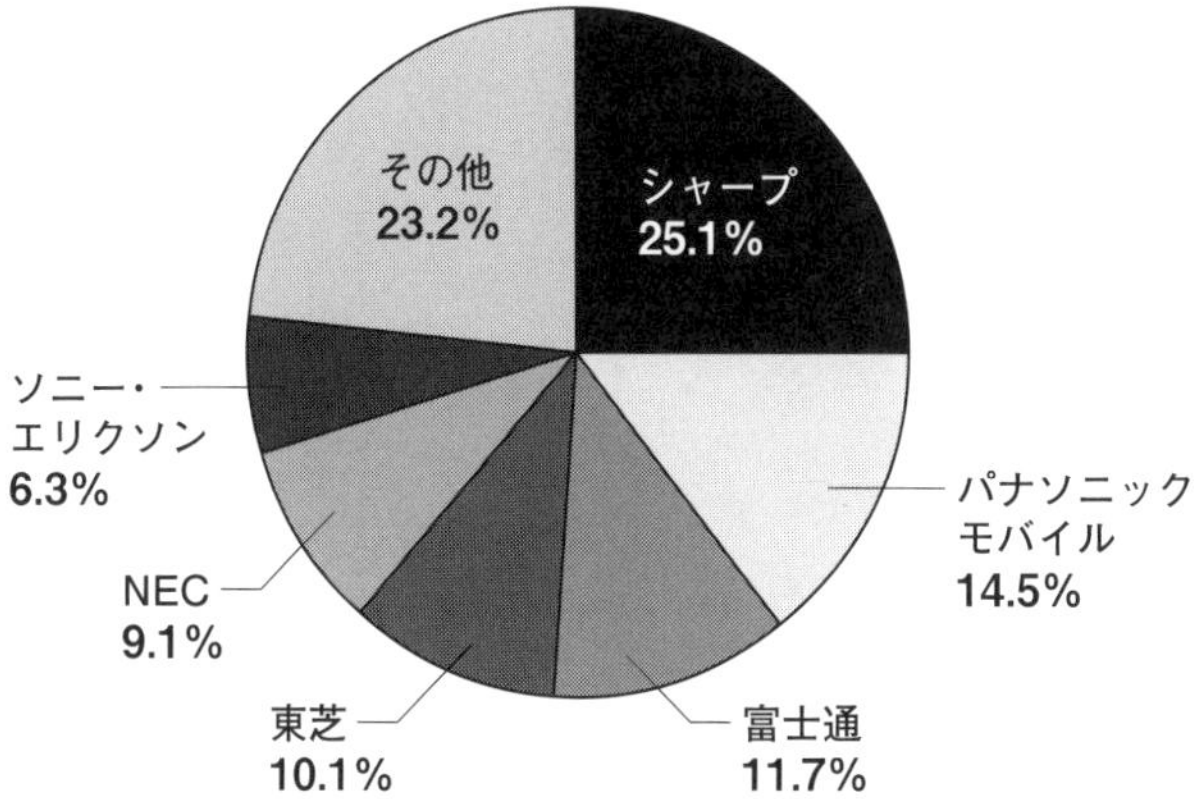


出典:株式会社MM総研より

フォンであるiPhoneというイノベーションを成し遂げ、携帯電話市場へ参入したのは２００７年のことですが、その時点では国内携帯電話市場のメーカー別シェアは図１のようになっていました。

ご存知の通り、たった数年後にはこのうちのほぼ半分をアップルが奪うことになり、シャープ、富士通は大幅にシェアを下落させ、パナソニック、東芝、ＮＥＣに至っては携帯電話市場からの撤退を余儀なくされることになりました。

当時の携帯電話端末の市場は末端価格換算で３～４兆円にもなる巨大な市場です。このような巨大な市場において、いわゆるガラケーからスマートフォンへの急激なシフトが発生した結果、ガラケーという巨大な産業はたった数年のあいだに、いわば「蒸発」してしまったわけです。

イノベーションの実現によって、さまざまな領域でこのように急激な産業構造の変化が引き起こされることを考えれば、そこに携わる多くの人々は、望むか望まないかにかかわらず、自分の専門領域やキャリアドメインを変更していくことを余儀なくされます。

この際、「独学の技術」を身につけている人とそうでない人のあいだで、どれだけスムーズにキャリアをトランジットできるか、シフトできるかという点で大きな差が生まれるでしょう。

### ③「人生三毛作」――労働期間は長くなるのに企業の「旬の寿命」は短くなる

三つ目が「人生三毛作」です。今日、キャリアを考えるにあたって大変重要な二つの変化が起きています。一つは「現役年齢の延長」です。ロンドン大学のリンダ・グラットンは著書『LIFE SHIFT（ライフシフト）』の中で、寿命が１００年になる時代には、現役年齢もそれに相応して長くなり、これまで60歳前後だった引退年齢が70〜80歳になることで、私たちの現役期間が長期化することを指摘しています。これが一つ目の変化です。

二つ目の変化が、企業や事業の「旬の寿命」が短くなっている、ということです。会社の寿命については算出方法がいろいろあり、計算方法によっては過去と比較して長くなったりもするので厄介なのですが、重要なのは純粋な意味での寿命、つまり単に「倒産していない」ということではなく、活力を維持して社会的な存在感を示している時間がどれくらい継続しているかという点、つまり「旬の寿命」ということになります。そして、さまざまな統計から示唆されているのは、この「旬の寿命」が短くなってきているということです。

日経ビジネスが帝国データバンクと共同で行った調査結果によると、活力を維持して事業を運営している、つまり「旬の企業」のうち、10年後にも旬を維持できているのはそのうちの約半数であり、さらに20年後になると1割程度の企業しか残れないことが判明しています。つまり、企業や事業の「旬の期間」というのは、ざっくり言って10年程度だということです。

一方、先述した通り、私たちの現役労働期間は長期化する傾向にあり、今後は多くの人が50~60年という長い時間を現役として働くようになることが予測されています。企業や事業の「旬の期間」が短縮化する一方で、私たちの生涯における労働期間は長期化する傾向にある。

これら二つの事実を掛け合わせると、非常にシンプルな示唆が得られることになります。それはつまり、今後のビジネスパーソンの多くは、仕事人生の中で大きなドメインの変更を体験することになる、ということです。

このとき、サーフィンのように「旬の事業・企業の波頭」をうまく乗り換えていくことができる人と、波にのまれてしまう人とのあいだでは、その人が享受できる「仕事のやりがい」や「経済的報酬」や「精神的な安定」という、総体としての「人生の豊かさ」には大きな格差が生まれてしまう。このような社会において、「独学の技術」が重要なスキルとなることは明らかです。

## ④「クロスオーバー人材」――二つの領域を横断・結合できる知識が必要となる

最後が「クロスオーバー人材」です。クロスオーバー人材というのは、平たく言えば「領域を越境する人」ということです。

昨今、人材育成・組織開発の世界でよく言及されるのが「Π（パイ）型人材」の重要性です。Π型人材とはつまり、「縦棒＝スペシャリストとしての深い専門性」を二つの領域で持ちながら、一方では「横棒＝ジェネラリストとしての幅広い知識」をも併せ持った人材のことです。今日のビジネスではさまざまな専門領域が密接に関わりあうようになってきています。

このような世界において、専門性だけを頼りにして蛸壺にこもるような人材のみで構成されたチームでは、イノベーションを推進していくことはできません。イノベーションというのは、イノベーションという言葉の生みの親であるシュンペーターが指摘したとおり、常に「新しい結合」によって成し遂げられるからです。

この「新しい結合」を成し遂げるためには、それまでに異質のものと考えられていた二つの領域を横断し、これをつなげていく人材が必要になります。これがつまり「クロスオーバー人材」ということになります。

そして、言うまでもないことですが、Π型人材の横棒として表現される「さまざまな領域にわたる広範な知識」は、独学によって身につけるしかありません。

なぜなら、現在の高等教育機関のほとんどは、基本的に「専門家の育成」を前提にしてカリキュラムを組んでいるからです。今日、世界中の組織で「領域横断型の人材が足りない」という声が聞かれますが、なぜそのような人材が求められているかというと、世の中の仕組みがそういう人材を生み出すようになっていないからなんですね。

ヨーゼフ・シュンペーター
（1883 ～ 1950）経済学者

こうした要望を受けて、たとえばアメリカのハーバード大学やスタンフォード大学は、いわゆるリベラルアーツ教育をより重視したカリキュラムを組むようになってきていますが、すでに大学を卒業してしまった人が、このような広範な領域に関する知見を得ようと思えば、独学以外に頼るすべはありません。

## いまこそ求められる「知的な革命家」

さて、ここまで、なぜ現代を生きる私たちにとって「独学の技術」が必要なのかという理由について、「個人の利得」という側面から四つのポイントを指摘してきました。

最後に一つだけ、逆の側面である「社会的な要請」という視点から、「独学の技術」が求められる理由について、付け加えておきたいと思います。それは、今後の社会において求められるのは、誰よりも「知的な革命家」だという点です。

現在の社会のさまざまな領域において発生している制度疲労を打破するには、疲労した現行のシステムを前提にした知識ではなく、もっと本質的かつ骨太な知性が必要になります。このような「システムを前提にしない知性」を育むためには、どうしても独学に頼らざるを得ません。

「システムを前提にした知識」と言われてもピンとこないかもしれませんね。たとえば経営学は典型的な「システムを前提にした知識」と言えます。現在の経営学は、現代の世界のありようを前提にして、その中で「いかにうまくやっていくか」を研究している学問です。組織であれば時価総額を上げる、個人であれば地位や年収を高めるという、わかりやすい目的のために研究されている。

しかしでは、その学問を学んだ末に「社会をより良い場所にしていく」ための知的武器が手に入るかというと、これはまったくそうではないわけです。むしろ、現在のシステムが抱えている問題をより強固に固定することになってしまう。なぜなら、経営学というのはいかに「現在のシステムに最適化するか」ということを研究する学問ですから、やればやるほど、現在のシステムのありようを変革するインセンティブを減殺してしまうからです。

一方で、では「システムを前提にしない知識」とはどんなものかというと、これは哲学が典型ということになります。哲学という学問の定義はいろいろとありますが、本書の文脈でこれを表現すれば、それは「システムを批判的に考察する技術の体系」ということになります。

システムを与件として考えることなく、自分が依拠しているシステムそのものを批判的に考察し、場合によってはシステムの改変やリプレースを提言する。このようにして整理すれば、どちらの知識が「知的な革命家」に求められる知的戦闘力につながるかは容易におわかりいただけると思います。

私は、本書を通じて、自分が構築した「独学の技術」を社会にばら撒くことで、企業内にとどまりながら、企業の力をうまく活用して社会変革をリードしていく「知的な革命家」をたくさん育成したいと考えています。

第二次世界大戦中、アメリカ合衆国は枢軸国支配下にある国々のレジスタンス運動を支援するために、極めて簡素な銃＝リベレーターを大量に製造し、１００万丁以上を空からばら撒きました。私がやりたいのはまさにこれです。

本書を通じて「独学への契機」を得た人が、やがては社会的な変革を牽引するリーダーとなってくれれば、これほどの喜びはありません。

テクノロジーはどうしても必然的に専門化を要請します。（中略）
もし教養という概念を科学的知識のスペシャリゼーションというものと
対立的に考えれば、勝負は見えていると思う。
それは教養の側の敗北でしかない。
しかし教養というものは、専門領域の間を動くときに、
つまり境界をクロスオーバーするときに、
自由で柔軟な運動、精神の運動を可能にします。
専門化が進めば進むほど、
専門の境界を越えて動くことのできる精神の能力が大事になってくる。
その能力を与える唯一のものが、教養なのです。
だからこそ科学的な知識と技術・教育が進めば進むほど、
教養が必要になってくるわけです。

加藤周一他『教養の再生のために』

目次　知的戦闘力を高める　独学の技法



# 序章　知的戦闘力をどう上げるか？

## ──知的生産を最大化する独学のメカニズム

# 第1章

# 戦う武器をどう集めるか？

## ——限られた時間で自分の価値を高める［戦略］

# 第2章

# 生産性の高いインプットの技法

## ――ゴミを食べずにアウトプットを極大化する［インプット］

# 第3章

# 知識を使える武器に変える

## ――本質を掴み生きた知恵に変換する［抽象化・構造化］

第4章

# 創造性を高める知的生産システム

## ──知的ストックの貯蔵法・活用法［ストック］

# 第5章

# なぜ教養が「知の武器」になるのか？

## ――戦闘力を高めるリベラルアーツの11ジャンルと99冊

どうせ買うなら長持ちする武器　244



おわりにかえて　303

# 序章

# 知的戦闘力をどう上げるか？

## ――知的生産を最大化する独学のメカニズム

子曰《い》わく、学んで思わざれば則《すなわ》ち罔《くら》し。
思うて学ばざれば則ち殆《あやう》し

『論語』

## 独学を効果的に行う四つのモジュール

ここからは、独学を構成する四つのモジュールの内容と、それが全体としてどのように「知的戦闘力」の向上につながるのかという点、つまり「独学のメカニズム」について説明したいと思います。

先述した通り、独学は大きく、「①戦略」→「②インプット」→「③抽象化・構造化」→「④ストック」という流れによって形成されます。

**①戦略**

**どのようなテーマについて知的戦闘力を高めようとしているのか、その方向性を考えること**

**②インプット**

**戦略の方向性に基づいて、本やその他の情報ソースから情報をインプットすること**

**③抽象化・構造化**

**インプットした知識を抽象化したり、他のものと結びつけたりすることで、自分なりのユニークな示唆・洞察・気づきを生み出すこと**

**④ストック**

**獲得した知識と、抽象化・構造化によって得られた示唆や洞察をセットとして保存し、必要に応じて引き出せるように整理しておくこと**

多くの人は「独学」というと、このプロセスの中の「インプット」だけに着目して、すぐに「WHAT＝何を読むか」や「HOW＝どう読むか」という点について、手っ取り早いアドバイスを求めてしまうようです。

しかし、そのような「独学」は、単に雑学的な知識を増やすだけで、本書が掲げる「したたかに生き抜くための知的戦闘力を高める」という目的にはほとんど貢献しません。

## 図2 独学システムの４つのモジュール

**①戦略**

どのようなテーマで知的戦闘力を
高めるかを決める

▼

**②インプット**

本やその他の情報ソースから情報を効果的にインプットする

▼

**③抽象化・構造化**

知識を抽象化したり、
他のものと組み合わせたりして独自の視点を持つ

▼

**④ストック**

獲得した知識や洞察をセットで保存し、
自由に引き出せるように整理する

本節の冒頭に掲げた「子曰わく、学んで思わざれば則ち罔し。思うて学ばざれば則ち殆し」という言葉は論語からの抜粋です。平たく言えば「先生は仰いました。学んでも考えなければ洞察は得られない。一方で、考えるだけで学ばなければ独善に陥る恐れがある」という意味でしょうか。この指摘は、特に独学者であれば肝に銘じておいてほしいと思います。

というのも、この論語の指摘は、独学者がはまる2種類の陥穽《かんせい》についてとても鋭く指摘しているからです。論語が書かれたのはいまから2000年ほど前のことですが、こういう鋭い指摘に触れると、私たちの知性というのは本当に進化しているのだろうか、と考えさせられますね。

独学者がおかしやすい過ちの一つは、単に知識だけを詰め込むだけで思考しないということです。

たとえば世界史を独学するというとき、やってしまいがちなのが「ひたすら年表や年号を暗記していく」ということです。歴史検定を取得して自己満足に浸りたいということであれば、これはこれで否定しませんが、社会生活における知的生産能力の向上を目指すのであれば、ひたすら年号や固有名詞を覚える意味はあまりありません。

大事なのは、年号や固有名詞などの羅列の背後から「人間」をありありと立ち上げること、そのような事件や事象がなぜ起きたのかを考え、人間や組織や社会の本性についての洞察を得る、ということです。

歴史を学ぶことで、どうして知的戦闘力が高まるのか？　それは歴史がケーススタディの宝庫だからです。私たちが日々向き合う現実の問題は唯一無二のものに見えますが、歴史を長く遡れば同様の事態に直面した事例は数限りなくあります。

過去の類似事例において、その問題に向き合った人たちがどのように対処し、その問題をうまく乗り切ったのか、あるいは破滅してしまったのかを知ることが、私たちの知的戦闘力を向上させないわけがありません。19世紀後半、ドイツ統一に主導的な役割を果たした「鉄血宰相」、オットー・フォン・ビスマルクが言うように、「愚者は経験から学び、賢者は歴史から学ぶ」のです。

さて、歴史がケーススタディの宝庫だとすれば、重要なのは、そのケースの当事者として自分を置いてみた場合、どのように振る舞っただろうかを考えてみることです。経営学ではケーススタディが極めて重視されますが、ケーススタディを学ぶ際にもっとも重要な点は、自分自身を当事者、つまり経営のケーススタディであれば経営者ということですが、に当てはめて考え

**オットー・フォン・ビスマルク**
（1815～1898）政治家

てみるということです。そうすることで、初めて人や組織の振る舞いに関する洞察を得ることができるわけです。

人の振る舞いを研究するといえば、一般にこれは行動心理学ということになり、組織の振る舞いを研究することになると、一般にこれは社会心理学ということになるわけですが、実は歴史を学ぶ意味も同じで、要するに歴史というのは「人や組織の振る舞い」について、過去の事例をもとにして考察するという学問なんですね。

ですから、このような「考察」を抜きにして、ただ単に雑学的に知識を仕入れても、人や組織の振る舞いに関する洞察は得られません。つまり、論語が指摘する「学んで思わざれば則ち罔し」というのは、ひたすらに年号や固有名詞などの歴史的知識を暗記するだけで、その背後にうごめいている「人間の性や業」について考察しない、ということを戒めているわけです。

論語が指摘する二つ目の過ちが、「考えるだけで学ばない」ということです。論語はこれを「危うい」と指摘している。つまり「独りよがりの考えに凝り固まって危なっかしい」と言っているわけです。

日本企業の中間管理職には、よく切れ味の悪い自己流の理論を薙刀《なぎなた》のように振り回しては、周りも自分も傷つけている人が少なくありませんが、こういう人は論語のいうように、数少ない知識と狭い範囲の自分の経験だけに基づいた自己流の考えに凝り固まってしまっているわけです。

論語の指摘を、そのまま先述した「独学のメカニズム」の枠組みに当てはめて考えれば、インプットは「学び」に該当し、抽象化・構造化は「思う」に該当します。この両者がバランスよく機能することで、知的戦闘力の向上に直結する独学のシステムが完成するということです。

独学のシステム①戦略

# 武器を集めるつもりで学ぶ

さらに「知的戦闘力を高める」という目的で独学をする場合、ポイントになるのは「武器を集める」と思って学ぶ、ということです。

ここでちょっと質問してみましょう。強大な敵が迫りつつあるとき、皆さんはなんの考えもなしにいきなり武器の収集に走るでしょうか？　恐らくそうではないでしょう。迫り来る敵に対して、どのような戦い方をするか、自分の強みはどこで、それをどのようにすれば武器で強化できるか、ということを考えるはずです。

独学による知的戦闘力の向上を目指す際にも同じことが言えます。なんの戦略も立てないままに武器を闇雲に集めても、知的戦闘力が高まることはありません。あれこれと目についた武器を集める前に、まずは「自分はどんな戦い方をするのか？　どこで強みを発揮するのか？」という大きな戦略が必要になります。

たとえば私の場合は「人文科学と経営科学の交差点で仕事をする」という大きな戦略を立てています。哲学・美学・歴史・社会科学・心理学といった人文科学の知見を経営科学の知見と組み合わせることで、他の人とは異なる示唆や洞察を出し、それをコンサルティングやワークショップや執筆に用いるという戦略です。

したがって、私の場合は、主に人文科学系の知識と経営科学の知識が「武器として重要」ということになり、独学のカリキュラムはそのプライオリティに従って組み立てられることとなります。

これは逆に言えば、「何をインプットしないのか」ということを明確化する、ということでもあります。この点については本書で何度も触れることになりますが、現在の社会は情報がオーバーフローしている状態になっていますから、知的生産システムのボトルネックは「インプットの量」ではなく、「インプットの密度」にあります。

自分の戦略や文脈に適合する、費用対効果の高い情報の密度をいかにして維持していくか、という点が重要になっているわけです。そして「情報の密度」を高い水準に保つには、いかにして「情報を遮断するか」という点がポイントになってきます。

たとえば私の場合、日本の政治的ゴシップについては、完全に無視しています。たとえば本書を執筆している2017年8月時点では、いわゆる加計学園問題がマスコミを賑わせているようですが、私はこの問題については、ほとんどの記事を読んだことがありません。理由は単純で、そのような情報をインプットしても私の知的戦闘力は向上しないからです。

これは独学の戦略を立てる上では大変重要なポイントなので、よくよく注意してください。

世間には「知らないと恥をかく」といった枕詞《ことば》で人の焦燥感を煽り、自分の知っている情報をさも価値のあるもののように見せて売りつけようとする人で溢れていますが、他の多くの人が知っている情報というのは、知的戦闘力の向上という観点からすれば1ミリの価値もありません。なぜなら、そのような情報は差別化の源泉にならないからです。

私たちの時間には限りがあります。この限りある時間を独学に投入するのですから、他の多くの人たちが、なかば常識としてすでに知っていることを後追いでインプットすることにどれほどの意味があるのか、という点についてよくよく考える必要があります。

繰り返せば、「戦略」は必然的に差別化を求めます。差別化ということは、「人と違う」ということです。つまり、他人といかにして違うインプットをするかということが、独学の戦略の最大のポイントなのですが、ここで重要なのが、「何をインプットするか」よりも「何をインプットしないか」ということなのです。


まとめましょう。独学による「知的戦闘力の向上」を目指すのであれば、まずは闇雲なインプットの前に、独学の大きな方針となる「独学の戦略」を決めることが重要です。

さらにこの「戦略」を具体化する際には、もちろん「何をインプットするか」を考えることも重要なのですが、同時にまた「何をインプットしないのか」を定めることが重要です。

なにをしないのか決めるのは、
なにをするのか決めるのと同じくらい大事だ。
会社についてもそうだし、製品についてもそうだ

ウォルター・アイザックソン『スティーブ・ジョブズⅡ』より
スティーブ・ジョブズの言葉

# 「戦略」は粗い方向性だけでいい

ここで一点だけ注意を促しておきたいのですが、私が言っている「独学の戦略」というのは、それほど精緻なものである必要はありません。いや、むしろ精緻なものにしない方がいいと思います。

人の学習には一種の偶然＝セレンディピティが働きますから、独学によって学ぶ内容をガチガチに固めて、それ以外のインプットは極力しない、などということを心がけると、かえって偶然の学びがもたらす豊かな洞察や示唆を得られないことにもなりかねない。

私自身はむしろ、本当に大きな気づきや学びは、むしろ偶然からのインプットによってしか得ることができないのではないかと思っています。というのも、過去の歴史を振り返ってみると、大きな発見・発明の契機になっているのは、実は偶然であることが少なくないからです。

アレクサンダー・フレミングは、たまたま実験に失敗したペトリ皿の上で、細菌がカビを避けるようにして繁殖しているのを見てペニシリン発見のヒントをつかんでいますし、パーシー・スペンサーはレーダーの実験をしていた際に、胸のポケットに入れたチョコバーがいつも溶けることにヒントを得て電子レンジを発明しています。

要するに「知の創造は予定調和しない」ということです。この「予定調和しない」ことを前提にして知識創造のプログラムを組めるかどうかが、組織や個人の知的パフォーマンスの向上という点でとても重要な要件になっています。

脳科学者の茂木健一郎氏は、この「予定調和のなさ」について「偶有性」という言葉を用いて説明していますが、これは独学者にとっては大変重要なコンセプトで、身もふたもない言い方をすれば、学びは「偶然の機会」を通じてしか得られないということなのです。したがって「独学の戦略」を策定する際には、大まかな方向性を定める程度にとどめ、あえて大きな緩みや余白を残しておくことが大事です。「一体なんの役に立つのかわからない……けど、なんだかすごい」という情報は、いずれ必ず知的生産を支える大きな武器になります。

この点については後ほど改めて取り上げますが、まずは「独学の戦略は、大きな方向性だけでよく、あまり細かいものである必要はない、むしろ精緻にしない方がいい」ということを知っておいてほしいと思います。

学びの始点においては自分が何をしたいのか、
何になりたいのかはわからない。
学んだあとに、事後的・回顧的にしか自分がしたことの意味は分からない。
それが成長するということなんです。
成長する前に「僕はこれこれこういうプロセスを踏んで、
これだけ成長しようと思います」という子供がいたら、
その子には成長するチャンスがない。
というのは、「成長する」ということは、
それまで自分が知らなかった度量衡で自分のしたことの意味や価値を考量し、
それまで自分が知らなかったロジックで
自分の行動を説明することができるようになるということだからです。
だから、あらかじめ、「僕はこんなふうに成長する予定です」
というようなことは言えるはずがない。
学びというのはつねにそういうふうに、
未来に向けて身を投じる勇気を要する営みなんです。

内田樹（ブログ「内田樹の研究室」より）

独学のシステム②インプット

# 広範囲のソースから自分の五感で行う知的生産

さて、ここまでは「①戦略」について概要を説明してきましたが、次からは「②インプット」「③抽象化・構造化」「④ストック」について説明していきましょう。

まず「インプット」についてです。独学におけるインプットというと、多くの人は「本を読む」ことをまずはイメージすると思います。もちろん、書籍によるインプットは独学のシステムにおいて、もっとも重要なソースの一つではありますが、それ以外にもさまざまなソースがあることを忘れてはいけません。

テレビ・ラジオ・新聞・雑誌といったマスメディア情報も、独学のインプットになりますし、もちろんYouTubeやWikipediaに代表されるネット上のさまざまな情報も、独学のソースとして欠かすことができないでしょう。さらに映画やドキュメントフィルム、音楽の歌詞やアート作品もまた、その人ならではの知的戦闘力につながる独学の貴重なインプットになります。

そして最後に、なによりも忘れてはならないのは、自分自身をアンテナとして用いるインプットです。たとえば、文化人類学者のような眼で世の中を観察してみれば、街頭看板の広告クリエイティブや街ゆく人々のファッション、あるいは大型書店に並ぶ雑誌の表紙などからさまざまなインプットを得ることができるでしょう。

先述した通り、独学というと「本でお勉強」というイメージを思い浮かべる人が多いのですが、実は独学にはさまざまなインプットソースがあり、それらを組み合わせることが重要だ、ということを忘れてはなりません。

なぜ、独学のインプットを、これだけ広範囲のソースとして用いるかというと、本だけに独学のインプットを限定してしまうと「学びの稼働率」が低下してしまうからです。システムの生産性は単位時間あたりの出力と稼働時間の積によって決まります。いくら処理能力の高い独学システムを作り上げても、肝心要の「独学の時間」が短ければ、学びの絶対量は大きくなりません。さまざまなソースに独学のインプットを求めるというのはつまり、学びのスイッチがオフになる時間を極小化するという戦略です。

曹洞宗の開祖である道元禅師は「遍界《へんかい》嘗《かつ》て蔵《かく》さず」という言葉を残されています。これは元々、真理を求めてひたすらに修行を続ける禅僧に対して、「真理はあなたの目の前にある、なにも隠されてなどいない」ということを伝えようとした言葉ですが、独学についても同じことが言えます。

学びの契機は「いま、ここ」で私たち自身に与えられている。そこからなんらかのインプットを汲み取れないのは、私たち自身の心のありように問題がある、ということです。

さらに、書籍やネットの情報というのは、「他の誰かの知的生産プロセス」を通じて出力された情報ですから、いわば劣化コピーのインプットでしかないということになります。そうした情報を組み合わせて、その人ならではの示唆や洞察を生み出すこともまた、独学システムの重要な役割ですが、これは言うまでもなくとても難易度の高いことです。

一方で、自分の目や耳といった五感を通じて得られたインプットは、他の誰でもない、自分だけのものですから、そうしたインプットをもとにして知的生産を行えば、容易に他者と差別化することが可能になります。

この辺りは、自分の知的戦闘力をどうやって高めるか、という大きな戦略とも関わってくる点です。たとえば、抽象化や構造化がとても上手で、他者と同じ情報を入手していても、高度な抽象化を行い、ユニークな洞察を生み出すことができる人の場合、無理して一

道元
（1200～1253）禅僧

次情報を入手しようとしなくてもいいかもしれません。

米国のＣＩＡやかつてのソ連のＫＧＢ、あるいはイスラエルのモサドといった諜報機関は、当然のことながら日常的に情報収集し、その分析から得られた示唆や洞察を外交や軍事に関する意思決定に用いているわけですが、実はこういった諜報機関が入手している情報のほとんどは、私たち一般人もアクセス可能な情報なのです。

つまり、こういった諜報機関の優れている点は、インプットされる情報の量や質よりも、集めた情報から高度な洞察を得る能力、コンピューターでいうところのプロセッシングの能力にあるのです。

同じようなことができる個人を想定してみた場合、その人にとって「一次情報」を集めることのプライオリティはそれほど高くないでしょう。典型的にはシャーロック・ホームズがそうでしょうか。他者と同じ情報しか持っていないはずなのに、その情報を高度に組み合わせて仮説や推理を組み立てていきますよね。

一方で、示唆や洞察を引き出すよりも、情報を集めることが得意だという人の場合、書籍やネットを通じて得られる二次情報よりも、ユニークな一次情報の収集力で差別化を図る方がいいかもしれません。

こういった差別化の典型例がいわゆるルポルタージュ文学です。たとえばブルース・チャトウィンの『パタゴニア』や、リシャルト・カプシチンスキの『黒檀』は、極めてユニークなルポルタージュ文学ですが、そのユニークさは、それぞれ南米のパタゴニア、あるいはアフリカにおける著者の濃密な体験がもとになっており、その時代における他者とは「圧倒的に異なるインプット」が、知的生産のベースになっていると言えます。

あるいはビジネスの世界に目を転じても、他国で起こっている構造変化を先取りすることで、知的戦闘力を発揮してきた人たちは少なくありません。

宅急便の事業アイデアを生み出した小倉昌男氏は、米国視察の際にUPSの配送車が止まっているのを見て、事業アイデアの種を掴んだと言っていますし、トヨタ生産方式を生み出した大野耐一氏は、米国のスーパーマーケットの仕組みを視察して「ジャストインタイム」という思想を掴んでいます。

今日でも、たとえばユニクロの柳井正氏やソフトバンクの孫正義氏が、しばしば国外の動きから経営上のヒントを得ていることはよく知られています。

『黒檀』
リシャルト・カプシチンスキ
（河出書房新社）

『パタゴニア』
ブルース・チャトウィン
（河出文庫）

どうして君は他人の報告を信じるばかりで
自分の眼で観察したり見たり
しなかったのですか。

ガリレオ・ガリレイ『天文対話』より
サルヴィアチの言葉

独学のシステム③抽象化・構造化

# 洞察につながる「問い」と「組み合わせ」

さて、このようにしてインプットされた知識は多くの場合、そのままストックしても知的生産の現場で用いることができません。

特に文学・歴史・哲学などの人文科学系の知識は、私たちが日々携わっているビジネスとは直接的なつながりを見いだすことが難しく、したがってなんらかの抽象化・構造化をした上でビジネスや実生活上への示唆を抽出すること、平たく言えば「意味付け」が必要になります。

抽象化・構造化というのはちょっとイメージが難しいかもしれないので、ここで少し例を挙げておきましょう。

たとえば、歴史の本をさらりと読んでみると、中世から近世にかけて、欧州にはローマ教皇と各国の君主という、二重の権力構造があったことが書かれています。一方で、たとえば中国に目を転じてみると、長いこと宦官《かんがん》と科挙《かきょ》という、二つの制度が維持されたこともまたわかります。

そして我が国に目を転じてみると、これもまた幕府の将軍と天皇という、二重の権力構造があったことが思い出されます。こういった知識は、特に歴史に詳しい人でなくても、恐らくはなんとなく知っていることだと思います。

しかし、こういった知識をそのままストックしておいても、日常生活やビジネスの現場における「知的戦闘力の向上」には直結しません。これらの知識を武器にする、いわば「知識」から「知恵」にするためには、こういった生情報を抽象化して「示唆」や「洞察」を引き出すことが必要です。

さて、ではこれらの「二重権力構造」に関する歴史的知識の生情報を抽象化すると、どんな示唆や洞察が得られるでしょうか。

それは「長く続く体制には、権力の集中を防ぐカウンターバランスシステムが働いている」という仮説です。これが一次情報を抽象化するということです。

ここで一点注意を促しておきたいのが、抽象化された定理は別に真実である必要はなく、仮説で構わないという点です。仮説というのは「××ではないか？」という「問い」として設定されるわけですが、このような「問い」が、さらにインプットの感度を高め、独学システムの生産性を高める大きな要因となります。

この点については後ほど改めて触れますが、「問い」のないところに「学び」はありません。極論すれば、私たちは新しい「問い」を作るためにこそ独学しているわけで、独学の目的は新しい「知」を得るよりも、新しい「問い」を得るためだといってもいいほどです。

さて、このようにして抽象化された仮説は、次に構造化によって、別の知識・情報と紐づけられることになります。ここで挙げた例、すなわち「暴走による自滅を防ぐためには、権力の集中を防ぐカウンターバランスシステムが必要」という仮説は、権力や組織に関する示唆・洞察ですから、たとえばこれを経営学における「組織設計論」や「ガバナンス」というテーマに紐づける、あるいはマキャベリの君主論などとの関連から「権力とリーダーシップ」というテーマに紐づけることで、また新しい情報の組み合わせが生まれることになります。これが構造化、つまりすでに設定してあるテーマと紐づけることです。

独学のシステム④ストック

# 効率的に知識を引き出せるシステムを作る

そして最後に、このようにして抽象化・構造化された知識は、いつでもこれを引き出せるように、しかるべきファイリングシステムにストックしておく必要があります。なぜかというと、インプットされた情報のほとんどは、いずれ必ず忘れるからです。

独学によって得た知識には、「すぐに役立つ」というものもあれば、「ものすごく面白いけれども、いつ役に立つのかわからない」というものも多い。そして、ここがポイントなのですが、「その人ならではのアウトプット」というのは、むしろ後者の「ものすごく面白いけど、いますぐなんの役に立つかはわからない」という情報が元になっていることが多いのです。

いつ役に立つかわからないということは、逆に言えば、ある日突然にその知識が必要とされる局面が予想外にやってくるということですから、状況に応じて効率的にストックした知識を引き出せるシステムを作っておくことが重要になります。

やることはそんなに難しいことではありません。なんらかのデジタルデータとして、抽象化・構造化されたデータを記録しておき、必要に応じて検索やタグから、過去の記録を引き出せるようにしておけばいいのです。

私の場合は、執筆もワークショップの素材も、ほとんど移動しながら作成しているため、複数のデバイスから作業できるようにエバーノートを用いていますが、サービス自体はどれを用いてもいいと思います。

ここまで、独学システムを構成する四つのモジュール、すなわち「戦略」「インプット」「抽象化・構造化」「ストック」について、その概要を説明してきました。

次の章からは、これら四つのモジュールについて、具体的な取り組みの内容を詳説していきましょう。

知ることがむつかしいのではない。
いかにその知っていることに、
身を処するかがむつかしいのだ。

司馬遷『史記列伝』

# 第1章

# 戦う武器をどう集めるか？

## ——限られた時間で自分の価値を高める

［戦略］

# 「独学の戦略」とは

独学の戦略とは、一言でいえば、「何について学ぶか」という大きな方向性を決めるということです。

これは逆に言えば「何を学ばないかを決める」ということでもあります。

先述した通り、現在の私たちが生きている世界は、大量の情報によってオーバーフローが発生しています。知的好奇心が旺盛な人にとって、これはとても残念で悔しいことなんですが、私たちが独学のために使える時間はごくわずかであり、これらすべての情報に通《つう》暁《ぎょう》することはもとより叶いませんし、もしそんなことを目指そうとすれば他のもっと大事なことを犠牲にすることになりかねません。

独学に使える時間は無限ではありません。独学の戦略を考察するにあたって、依《よ》って立つ最大の立脚点がこの認識ということになります。特に本書を手に取られている読者層の中心であろうと思われる30代〜50代のビジネスパーソンにとって、勉強に使える時間というのは非常に貴重でしょう。その貴重な時間を、明確な方針もなく、そのときの思いつきにかまけて消費してしまうのは、軍事でいう「戦力の逐次分散投入」に該当することになります。

あるカテゴリーを独学で学ぶとき、対象となるカテゴリーについて一定レベルの知見を獲得するためには、ある程度まとまった量の勉強が必要になります。

たとえば脳科学について、一定の見通しを持てる程度の知見を学びたいということになると、最低でも5冊程度の入門書と5冊程度の専門書を読みこむことが必要になります。ということは、何らかのカテゴリーについて独学をする際に、最低限でも10冊程度のインプットが必要ということになります。

その上で、先述した通り、独学というのはインプットのみによって構成される営みではありません。読書を中心としたインプットによって得られた知識を、抽象化・構造化し、自分のストックとして自由に出し入れできるようにするためには、そのための時間もまた必要になります。

平均的な大人が1分間に読める文字数はだいたい200〜400語であり、平均的なビジネス書は10〜12万字前後となっています。仮に読書スピードを中間レベルの1分間300語とした場合、一般的なビジネス書であれば5〜6時間程度で1冊読了できるということになります。

しかも、独学というのは「単に読んで終わり」という営みではありません。本を読んで得た情報は、料理にたとえれば「未加工の素材」でしかないわけですから、これをオリジナルの料理として他人に提供しようと思えば、自分なりの処置を施した上で、冷蔵庫に貯蔵することが必要になります。

さらに、本を読んで得た情報は、抽象化・構造化を行った上で、将来必要になったときにすぐに引き出せるよう、自分なりの知的ストックに貯蔵しておくことが必要です。この抽象化・構造化とファイリングにもまた、1時間程度はかかることになりますから、読書時間も含めれば、だいたい1冊のビジネス書でも6時間程度の時間が必要だということになります。

仮に独学のために使える時間が1日平均1時間程度だとすると、つまり1週間で1冊程度、年間では50冊程度のインプットが、まずは精一杯だということになります[*1]。

独学の戦略を考えるというのは、突き詰めていえば、「1年間で読めるマックスの50冊を、どのようなテーマやジャンルの学びに分配するか」ということを考えることにほかなりません。そうなると、では「どんなジャンルを学ぶのか」という論点が浮上することになるわけですが、ここで注意が必要になります。

＊1　ただし、この計算は1冊の本を最初から最後まですべて読み切ることを前提にしています。実際のところは、特にビジネス書の場合、自分にとって重要な箇所は1冊の中のごく一部であることが大半であり、このごく一部だけを拾い読みしていくような読み方をする場合、冊数は大幅に増えることになります。ちなみに筆者の場合、主に通勤電車の往復ほぼ2時間を読書にあてることで、ざっくり年間で３００冊程度の本に目を通していますが、最初から最後まで読み切っている本は、そのうちの2〜3割程度だろうと思います。

## 戦略の設定は「テーマが主、ジャンルが従」で

前節では、闇雲な独学に突入して非効率な時間の分散投資をするよりも、ある程度「学びのターゲット」を定めた方がいいという指摘をしました。

さてそうなると、当然のことながら「どのジャンルを学ぶか」という論点で考えてしまいがちなのですが、ここで注意しなければならないのは「独学の方針は、ジャンルではなく、むしろテーマで決める」ということです。

言い方を換えれば、「テーマが主で、ジャンルが従」ということになります。これは独学を行うにあたって大変重要なポイントなのですが、不思議なことに世の中でほとんど指摘している人がいないので、よく注意してください。

なにが言いたいのかというと、独学をするとなると、では「哲学を学ぶ」とか「歴史を

学ぶ」とかといったように、ジャンルの設定から入ってしまいがちなのですが、大事なのはむしろ、自分が追求したい「テーマ」に方向性を持つということです。

テーマとは、自分が追求したい「論点」のことです。たとえば、私の場合は「イノベーションが起こる組織とはどのようなものか」とか「美意識はリーダーシップをどう向上させるのか」とか「共産主義革命はいまだ可能なのか」とか「キリスト教は悩めるビジネスパーソンを救えるか」とかといったテーマを持って独学に臨んでいます。

このテーマの数は時期にもよりますが、だいたいは五つから七つほどになります。これらのテーマに対して、自分なりの答えを追求していくために独学しているのであり、したがって、「何をインプットするか」は、これらのテーマについて何らかのヒントや気づきが得られるかどうか、というのが判断のポイントになってきます。

一方、ジャンルとは「心理学」や「歴史」や「文学」など、コンテンツの分類科目のことです。一般に、書店の棚は「趣味」や「スポーツ」や「料理」といったジャンルによって分けられていますよね。

独学の戦略を立てるというと、「どのジャンルを学ぶか」と考えてしまいがちですが、これをやってしまうといつまでたっても「知的戦闘力」は上がりません。なぜかというと、ジャンルに沿って勉強をするということは、すでに誰かが体系化した知識の枠組みに沿って勉強するということですから、その人ならではの洞察や示唆が生まれにくいのです。

これは「読書」という行為についての陥穽に関わる話なのでちゃんと説明しておきたいと思います。一般に「読書」というものは、知的戦闘力を高めるという観点からは無条件に良いものだと考えられる傾向がありますが、これは危険な認識です。

というのも、読書は、やり方によっては「バカ」になる危険性があるからです。この点を明確に指摘していたのが19世紀に活躍したドイツの哲学者、アルトゥル・ショーペンハウエルでした。ショーペンハウエルは、その名も『読書について』という本を残しています。この本は徹頭徹尾、読書の功罪における「罪」について考察された本です。たとえば、次のような指摘があります。

アルトゥル・
ショーペンハウエル
（1788～1860）哲学者

**――読書は、他人にものを考えてもらうことである。本を読む我々は、他人の考えた過程を反復的にたどるにすぎない。**

その他にも「本を読むと、こんなにバカになる」という指摘がテンコ盛りなのですが、実は同様の指摘をしている人は少なくないのです。

たとえば「知は力なり」という名言で知られるイギリス・ルネサンス期の哲学者、フランシス・ベーコンも、その著書『随想集』の中で次のように指摘しています。

**信じて丸呑みするためにも読むな。話題や論題を見つけるためにも読むな。しかし、熟考し熟慮するために読むがよい。**

この指摘もまた、批判的態度を失った丸呑み読書の危険性について指摘するものです。知的戦闘力を向上させるという目的に対して、読書という手段は避けることができない。しかし一方で、ショーペンハウエルやベーコンが批判するような「丸呑み型読書」を繰り返していたのでは、確かに「物知り」にはなるかもしれませんが、領域を横断しながら、しなやかな知性を発揮するような「知的戦闘力」を獲得することは難しいでしょう。

先ほど、私は中世ヨーロッパの教皇と君主の関係から、組織論における権力のパワーバランスという問題についての示唆が得られるという話をしましたが、元の情報と得られた示唆との

フランシス・ベーコン
（1561～1626）哲学者

あいだで、ジャンルがクロスオーバーしていることに注意してください。

元の情報は「歴史」のジャンルに括られる情報ですが、得られた示唆は「経営」というジャンルの、それも「組織論」や「リーダーシップ論」のジャンルに関わる示唆になっています。元ネタのジャンルと、得られる学びのジャンルがジャンプしているわけです。

組織論における権力構造について学びたいと考えれば、まずは「経営」というジャンルの、それも「組織論」について学ぶのが、入り口としては真っ当でしょう。しかし、では定番と言われる教科書を通り一遍に学んだというだけで、その人らしいユニークな示唆や洞察が持てるかというと、残念ながらそうはならないわけですね。

こういった本を通じて得られるのは、組織について考える際の、最低限知っておかなければならない基礎知識でしかありません。周囲にそのような勉強をまったくしている人がいないという状況であれば、それはそれで一時的な「知的優位」の形成につながるかもしれませんが、そのような知識がどこに行っても通用するような「ユニークな知的戦闘力」の形成につながることはありません。

組織における権力構造のありようについては、さまざまなジャンルのインプットから示唆を得ることができます。たとえば、塩野七生の『ローマ人の物語』、あるいはマキャベリの『君主論』、あるいはフランシス・コッポラの映画『ゴッドファーザー』、あるいは「サル学」などの霊長類研究は、それぞれ「権力はどのようにして発生し、維持され、あるいは崩壊するのか」という論点について、さまざまな気づきを与えてくれます。

これら学びをジャンルで整理すれば、それぞれは、歴史文学、政治哲学、映画、動物行動学ということになり、書店の「組織」という棚に並ぶことはありません。つまり「テーマ」と「ジャンル」を一対で設定してしまうと、示唆や洞察を得るための組み合わせの可能性はとても小さくなってしまうということです。

独学の戦略を考えるというのは、一言でいえば、独学のカリキュラムを組む、ということですが、ジャンルに沿ってカリキュラムを決めるというのは、書店の店員さんに自分のカリキュラムの枠組みを決めてもらうのと同じことなのです。このように指摘すれば、それがいかにバカげたことか、おわかりいただけると思います。

スティーブ・ジョブズをはじめとして、高い水準の創造性を発揮した人の多くが「新しいアイデアとは、新しい組み合わせによって生まれる」ことを指摘しています。

これは、独学の戦略においてこそ、改めて肝に銘じておくべき指摘だと思います。本書の冒頭においてクロスオーバー人材の重要性についてはすでに指摘しましたが、これは学びについても同様に言えることなのです。

**図3 テーマとジャンルをクロスオーバーさせる**

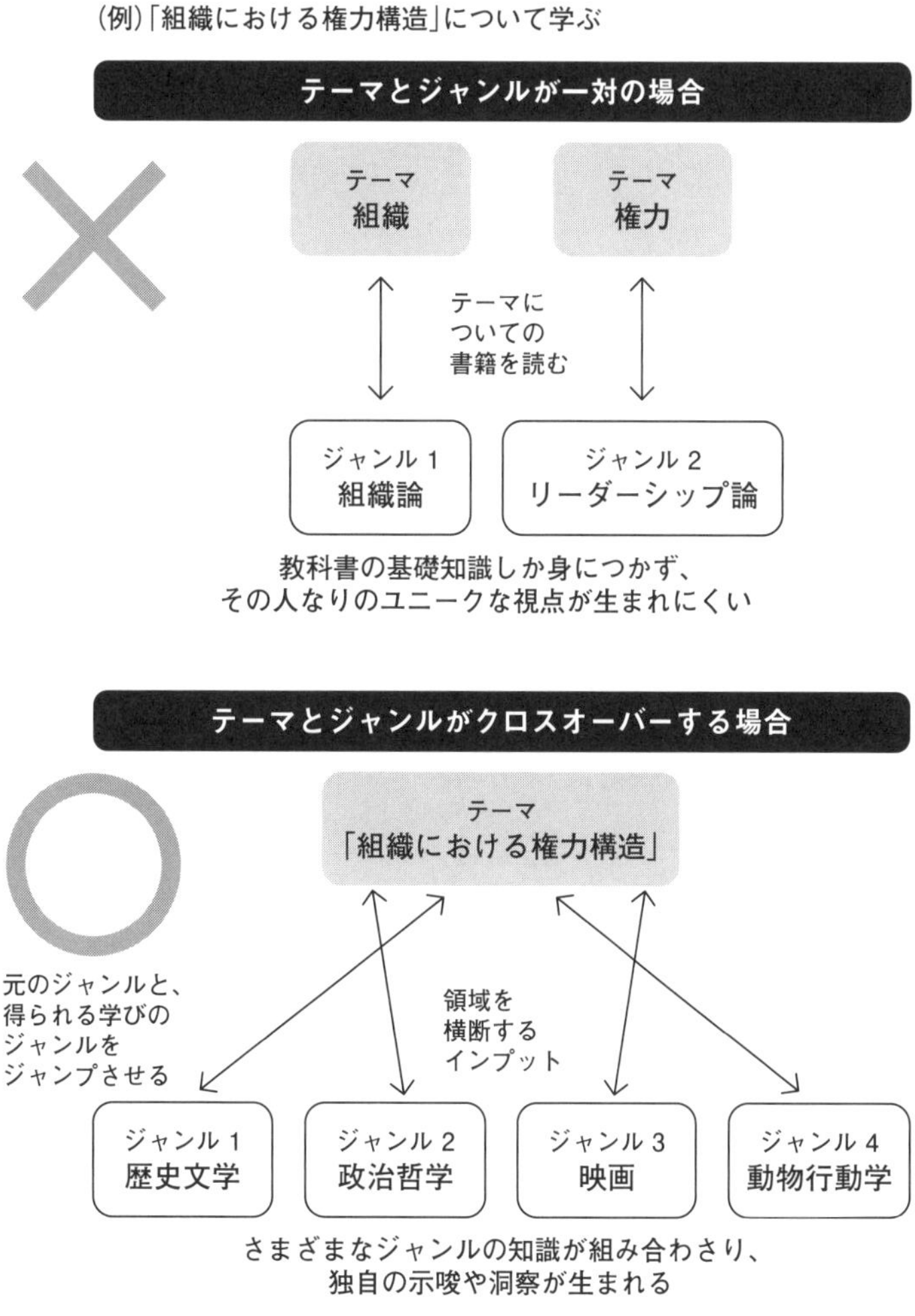
(例)「組織における権力構造」について学ぶ
テーマとジャンルが一対の場合
テーマ
組織
テーマ
権力
テーマに
ついての
書籍を読む
ジャンル 1
組織論
ジャンル 2
リーダーシップ論
教科書の基礎知識しか身につかず、
その人なりのユニークな視点が生まれにくい
テーマとジャンルがクロスオーバーする場合
テーマ
「組織における権力構造」
元のジャンルと、
得られる学びの
ジャンルを
ジャンプさせる
領域を
横断する
インプット
ジャンル 1
歴史文学
ジャンル 2
政治哲学
ジャンル 3
映画
ジャンル 4
動物行動学
さまざまなジャンルの知識が組み合わさり、
独自の示唆や洞察が生まれる

漫画以外の教養や知識が、最後にものを言う。
また、ふだんの勉強も必要で、
漫画本ばかり読んでいてはダメである。
文学や科学書、紀行、評論集などの本に親しんで、
知識を広めることだ。

手塚治虫『マンガの描き方』

## プロデュースとは掛け算

テーマは自分の興味や仕事に従って自ずと決まってくるわけで、こちらについてはあまり悩む必要はありません。一方で、どんなジャンルを学んでいくかについては、迷う部分もあるかもしれません。

ここで共有しておきたいのは、まずは「自分をプロデュースするつもりで、ジャンルを選ぶ」ということです。自分をプロデュースするということはつまり、他の人にはない組み合わせを選ぶ、ということです。

たとえば、評論家として際立ったキャラクターの形成に成功している人を見渡すと、それぞれの人がユニークな組み合わせを実現していることに気づくでしょう。

たとえば博覧強記で知られる元外務省の佐藤優氏の場合、広範囲の教養を前提にしながら、特にキリスト教神学を中心とした宗教の知識と、外務省時代に鍛えられた外交・諜報関連の知識のクロスオーバーが、ユニークな立ち位置、他の誰にも真似のできない「知的戦闘力」の形成に寄与していると思います。

このクロスオーバー、つまり「掛け算を作る」というのが自己プロデュースのポイントということになります。時代を画するようなクリエイティブな業績を上げた個人や組織を振り返ってみると、その「立ち位置」は、他の誰も立つことができない、ユニークな要素の「掛け算」であることに気づくはずです。

・**アメリカ発祥のロック×イギリス風のモッズコスチューム⬇ビートルズ**
・**デザイン×テクノロジー⬇アップル**
・**安価な男性服の素材×超高級オートクチュール⬇シャネル**
・**クラシックの作曲技術×ポップス⬇坂本龍一**

ここで非常に重要になってくるのが、交差点に立つ場合、掛け合わせるそれぞれの要素は、別にトップクラスでなくても構わないということです。たとえばアップルを取り上げれば、デザインという側面はともかくとして、テクノロジーという側面で世界トップクラスの企業であると考える人はほとんどいないでしょう。

これは創業者であるスティーブ・ジョブズがいみじくも指摘しているように、アップルという会社は「リベラルアーツとテクノロジーの交差点に立っている会社」だということで、この掛け合わせこそが彼らのユニークなキャラクターの礎《いしずえ》になっているんですね。

ちなみに私自身の「掛け算」はなにかというと「人文科学と経営科学の交差点で仕事をする」ということになります。私のバックグラウンドは哲学・歴史・美術・音楽といった人文科学領域であり、この領域の勉強についてはまったく苦にならない……というよりも好きで好きでしょうがない。

一方で、私が仕事として取り組んでいるのは組織開発・人材育成の領域であり、これを主に取り扱っている学問ジャンルは、経営学や教育学ということになります。そして、両者の交差点で仕事をすることを戦略としている私にとっては、両方のインプットが必要になるということです。

## ジャンル選びは「自分の持っているもの」を起点に考える

どのような掛け合わせを作るかを考える際のヒントを一つ挙げるとすれば、それは

「持っているものに着目する」ということ、これに尽きます。

これはキャリア戦略にも関わることなのですが、多くの人は「自分が持っているもの」を活かそうとせず、「自分が欲しいもの」を追求してしまう。でも、そうやって追求したものが、その人のユニークな強みになるかというと、これはもうまったくならないんですね。

もっとも大事なのは、「自分がいますでに持っているもの」を、どのようにして活用するかを考えることです。しかし、これがなかなか難しい。

たとえば、「ラプソディー・イン・ブルー」の作曲者として知られるジョージ・ガーシュウィンは、オーケストレーションを正式に学んだことがありませんでした。それが恐らくガーシュウィンにとってはコンプレックスだったのでしょう、当時「オーケストレーションの名手」として高名だったモーリス・ラヴェルに会った際、オーケストレーションについて教えてほしいとお願いしたそうです。

ところが、このときのラヴェルの返答が実に振るっていて「あなたはすでに一流のガーシュウィンなのだから、わざわざ勉強して二流のラヴェルになる必要などないでしょう?」というものでした。ここでラヴェルが言っているのは、私の指摘と同じで、要する

ジョージ・ガーシュウィン
(1898～1937)作曲家

に「自分が持っているものに着目しなさい」ということです。

その人にとっての本当の強み、他の人にはなかなか真似のできない強みというのは、それが本当の強みであればあるほど、本人にとっては「できて当たり前、知ってて当たり前」であることが多いのです。だから、それを「あなたの強みってここですよね」と言われると「はあ、それは私にとっては当たり前なんですけど」と思ってしまう。

一方で、周囲の人たちにはできるのに自分にはできないことに意識を向けてしまい、いわば「ない物ねだり」をしてしまう。

しかし、ではその「ない物」を一生懸命に努力して獲得したとしてどうなるかというと、せいぜい「人並み」にしかならないわけです。しかし、これでは厳しい。なぜかというと、「人並み」のものには誰もお金を払わないからです。経済価値が生まれないんですね。

人がお金を払うのは、いつも「ユニークなもの」です。そして、自分を他者と差別化するポイントは常に、本人が当たり前と思っていることの中にこそ潜んでいるものなのです。

まとめましょう。まず、自分が学ぶべきジャンルについては、二つのジャンルのクロスオーバーを考えてみる。一つのジャンルで飛び抜けるのは難しいことですが、クロスオーバーを作るとユニークなポジションを作りやすい。これが一つ目のポイントです。

そして二つ目のポイントが、掛け合わせるジャンルについては、「自分の持っている本性や興味」を主軸に選ぶべきで、他人が「持っているもの」で、自分が「欲しいもの」を主軸にしてはいけない、ということです。

私は、自分が関心のあるものには人一倍集中できる反面、
興味のない事柄には見向きもしない子どもだった。
関心をもちたくてもできなかったのだ。
そのために先生に叱られることもたびたびだった。（中略）
だが今思えば、それが良かったのかもしれない。
なぜなら、好きなことを探求し続けた結果、
人とは違う知識が自然と身につき、
それが自分の個性となり、
今や生活の糧にまでなったのだから。

荒俣宏『0点主義』

## 「独学の戦略」を立てると、アンテナの感度が上がる

闇雲なインプットの前に、まずは「独学の戦略」を立てなさい、とお勧めする別の理由をここでは説明したいと思います。それは、「独学の戦略」を立てることで、アンテナの感度が高まるということです。

たとえば、漫然と「いろいろなジャンルについての知識を深めたいなあ」などという状況では、書店で出会った本や新聞で読んだ記事などに、高い感度で反応することができません。

一方で、自分の独学の戦略を明確化している場合、何かふとしたきっかけで出会った情報であっても、「あ、これは自分にとっては重要な情報だ」と反応することができます。

さらに、独学の戦略を明確化しておくと、抽象化・構造化の能力も高まります。本書では後ほど、抽象化・構造化については項を設けてしっかりと説明しますが、抽象化・構造化というのは、一言でいえば「学びとなる示唆を抽出する」ということです。インプット

された知識から、自分の知的戦闘力を向上させる示唆や洞察を、どれくらい深く鋭く切り出せるかは、どれくらい明確に「自分の独学の戦略」を描けているかにかかってきます。

たとえば、私の場合、自分の独学の戦略上掲げている大きなテーマの一つに「イノベーションを起こす組織の作り方」があります。このようなテーマを掲げておくと、一見まったく関係のないカテゴリーのインプットからも、示唆や洞察を抽出することができるようになります。

たとえば、主に子供を対象にした図鑑シリーズの「発明・発見」の巻などは、イノベーションを起こす人材や組織について、さまざまな示唆が得られます。

あるいは第一次世界大戦についてのドキュメント番組を見ていたとき、戦車のアイデアを最初に認めたのは陸軍ではなく、陸戦の素人である海軍大臣のチャーチルだったということを知り、「もしかしたらイノベーションを駆動するのは、専門家よりも素人なのかもしれない」という仮説につながり[*2]、実際に調べてみると、多くのイノベーションが「非専門家」によって成し遂げられていることを知りました。

大量のインプットをしているにもかかわらず、なかなか成果が出せない、つまり、インプットが「知的戦闘力の向上」につながらないとよく相談されますが、話を聞いてみると、確かに大量の本を読んでいるのですが、ご自身の「独学の戦略」がはっきりと定まっていないことが多い。

大量の読書も、自分の知的好奇心によって駆動されているというよりも、インテリを気取って自慢したいという気持ちに駆動されているように思えます。

しかし、そんな努力をいくら積み重ねたところで、多くのインプットは消化されることなく、いわば目の前をなにごともなかったように素通りすることになるだけでしょう。

＊2　技術将校から出された「農業用のトラクターに装甲をつけて塹壕を渡らせたら」という素っ頓狂な提案を陸軍は当初却下したものの、当時海軍大臣だったウィンストン・チャーチルが興味を示し、とりあえず試作車を作ってみようということになりました。すぐに試作車を作らせて実地に試してみるというのは、デザイン思考の重要なポイントです。

## 知識は整理されていないと使えない

独学の戦略を立てることで、またストックの構築も進むことになります。独学の戦略を立てるということは、インプットした情報をファイリングするための「ラベル」を明確化することにほかなりません。

これはつまり、独学によってインプットされた知識を、どのようにして整理するか、どのような知識と組み合わせて保管するかという方針が明確だということですから、当然ながらストックの整理も進むことになります。

この点については後ほど改めて取り上げますが、独学によって広範囲の知識をインプットしても、それがテーマごとに整理されていなければ、「いざ」というときに、その知識を手際よく用いて知的生産を行うことができません。

「確かこんな話を、どこかで読んだ気がする」というレベルのアウトプットでは、本書の目的である「知的戦闘力の向上」は果たせません。そんな曖昧な内容を、シリアスな状況でアウトプットしてしまったら、知的戦闘力の向上どころではありません。むしろ知的ブランディングは地に塗《まみ》れることになってしまいます。

ここは瑣末な点に思われるかもしれませんが、非常に重要な点なので気をつけてください。知的戦闘力を、しかるべき状況でちゃんと発揮しようと思えば、自分が知っている「事実」関連の情報については、５Ｗ１Ｈをしっかりと踏まえてアウトプットする必要があります。

たとえば、二つの強敵に挟まれたニッチプレーヤーの戦い方を議論するというとき、歴史にある程度通暁している人であれば、スペインとフランスという二つの強国と対峙していた中世以降の英国の外交政策が参考になりそうだ、ということまでは思いつくでしょう。

しかし、ではそのような主張をいざしようというとき、過去のインプットをどれくらい正確に再現できるかで、説得力が大きく変わってしまうのです。

たとえば、下記の二つのアウトプットを比較したときに、どちらがより高い水準で「知的戦闘力を発揮している」ように思えますか？

**A**

かなり昔のことなんですが、スペインの、当時有名だったものすごく強い将軍が、大軍を率いてイギリスの対岸であるオランダに進出したことがあります。このとき、イギリスの誰だったか、当時の女王は、イギリスの国力をなるべく使わず、当時のフランスの王様を焚きつける一方で、オランダの抵抗勢力を支援して、この進駐軍を撃退しようとしています。

**B**

16世紀の後半、当時欧州随一と謳《うた》われたアルバ公に率いられたスペイン陸軍の精鋭5万

**人が、イギリスの対岸であるオランダに進駐したことがあります。このとき、当時のエリザベス女王は、イギリスの国力をなるべく使わず、スペインと敵対するフランスのシャルル９世を焚きつける一方で、オランダのレジスタンスや海賊を支援して、この駐留軍を撃退しようとしています。**

両者のアウトプットは、情報の具体性、つまり５Ｗ１Ｈがどの程度押さえられているか、という点を除いて大きな違いはありません。つまり、実際に得られる示唆や洞察については、それほど大きな違いがあるわけではないということです。体力の乏しいニッチプレーヤーであれば、なるべく利害の一致する他者をうまく活用することが大事だ、という示唆は両者から引き出すことができます。

ところが、受ける印象はどうかというと、これは大きく異なるわけです。Ａの主張は、なんとも頼りない、本当に確かな話なのかと思わせるようなところがありますが、Ｂの主張は、さも説得力があるように感じられませんか？

つまり、知的戦闘力を発揮するべき状況、ホワイトカラーのビジネスパーソンにとって「いざ鎌倉」というときに、５Ｗ１Ｈをしっかりとアウトプットに織り込む、というのはとても重要なポイントだということです。

しかし一方で、人間のワーキングメモリーには限りがありますから、インプットした情報をすべて脳内に記憶することはできません。状況に即応して、過去のインプットの中から、「あの情報」を正確に引き出していくためには、テーマに応じたストックの構築がどうしても必要になるわけです。

闇雲なインプットの前に、まずは「独学の戦略」が必要だという指摘をすると、何をまだるっこしいことを、と思われるかもしれません。しかし、実はインプットの効率も、ストックの構築も、この「独学の戦略」が明確になっているかいないかによって大きな差が出るのです。

# 第2章

# 生産性の高いインプットの技法

## ――ゴミを食べずにアウトプットを極大化する

［インプット］

# インプットの目的は四つ

本章では具体的な「読書の技法」について述べたいと思います。本の読み方は「読書の目的」によって変わってきます。

ここは注意が必要なポイントで、世の中には本書以外にも、さまざまな「読書法」に関する著作があって、その多くに私も目を通していますが、本によってかなりアプローチが異なります。場合によっては真逆の主張をしている書籍もあって、一体どっちのやり方が正しいのだろうか、と一時期私も頭を悩ませたことがあります。

なぜそういうことが起こるかというと、著者それぞれが念頭においている「読書の目的」が違うからなんですね。その点を踏まえず、「読書の方法」と「読書の目的」を当てずっぽうに組み合わせても、生産性の高い読書は不可能です。

読書には、大きく次の四つの目的があります。

①短期的な仕事で必要な知識を得るためのインプット　主にビジネス書
②自分の専門領域を深めるためのインプット　ビジネス書＋教養書
③教養を広げるためのインプット　主に教養書
④娯楽のためのインプット　何でもあり

まず「①仕事で必要な知識を学ぶための読書」はわかりやすいですよね。異動して新しい分野の仕事をすることになったり、新しくプロジェクトに参加することになったりした場合、周囲の専門家や経験者とコミュニケーションをとるためには短期間のうちに当該分野についてのリテラシーを持つことが必要になります。

そのような場合が「①仕事で必要な知識を学ぶための読書」に該当します。時間軸は1日からせいぜい数日くらいの短期間で、狭く浅く学ぶための読書ということになります。

次が「②専門領域を深めるための読書」です。これは、自分が専門としている領域について、知的ストックを厚くしていくための読書です。たとえば私の場合、本業は組織開発・人材育成を専門とするコンサルタントなので、関連する領域についての雑誌や論文、書籍についてはできるだけ目を通すようにしています。

専門家としての知的ストックを作っていくことが目的ですから、時間軸は数年、場合によっては数十年ということになり、狭く・深く学んでいくための読書ということになります。

次が「③教養を深めるための読書」です。これは、直接的に仕事には関係がないけれども、人間や社会のありようについて深い洞察を与えてくれる教養を得ることを目的にする読書です。直接的に仕事には関係がないと書きましたが、逆にいえば間接的にはあるわけで、いままでのセオリーや知識が役に立たないような局面においては、こういった「深い知性」の有無が、その人の知的戦闘力を大きく左右することになります。

すでに「知識の不良資産化」や「人生三毛作」というコンセプトについては説明しました。改めて説明すれば、技術やビジネスモデルの「旬の期間」がどんどん短縮化しつつある現在の社会では、ある局面で有効だった知識が、すぐに時代遅れになります。

そして、この点がポイントなのですが、このとき、多くの人は「ああ、もう俺の知識は時代遅れなんだな、これはもう使えないから捨てよう」とは考えずに、いつまで経っても時代遅れになった方法論や知識にしがみついて、「困った人」「残念な人」になってしまうのです。

現在の日本では、組織における「老害」がいろいろなところで問題になっていますが、老害というのは、この「知識のアップデート」に失敗した人、知識のクオリティと権力の大きさのバランスを崩した人が引き起こす問題だと考えられます。

この状況を防ぐにはどうするか？　一言でいえば「教養」ということになります。教養とは何か？　いろいろな定義がありますが、こと独学の戦略という文脈で、その定義を考えてみれば「長期間にわたって、知的戦闘力に寄与する知識」ということになると思います。

仕事をする上で求められる専門知識は、技術やビジネスモデルの転換に従ってどんどん時代遅れになってしまう。そのようなとき、「自分はどのように振る舞うべきか」や「これから何が起きるのか？」といった難問を考える際に、思考の礎となるのは教養しかありません。

私は著書『世界のエリートはなぜ「美意識」を鍛えるのか？』において、グローバル企業の幹部候補が、哲学や文学などの教養を改めて学び始めている実態について報告しましたが、彼らがそのような「教養」を学んでいるのは、変化の激しい世の中に引きずられて価値を失うことのない、礎になるような知識を求めているからだと考えられます。

このような目的に沿って行われるのが「教養を得るための読書」ですから、必然的に期間は数十年単位となり、またジャンルも多岐にわたることになります。

最後が「④娯楽のための読書」です。これは、もうそのままでエンターテインメントとして、楽しむためだけに読む読書ということになります。私の場合、たとえば大好きなガルシア・マルケスの小説や星野道夫の随筆を読むのは純粋な悦楽と割り切っており、そういった本を読むときは投下した時間を回収するという前述の考え方を適用しません。読んでいる、その幸せな時間こそが原資であると同時に報酬になっているわけですから、純粋にその時間を楽しみます。

ここまで読まれて恐らく気づかれた人も多いと思いますが、実際には上記の目的は、同じ本を読みながらも行ったり来たりすることになります。娯楽のために読んでいる小説であっても、その多くは人や世界の見方に示唆を与えてくれるでしょうし、場合によっては専門家としての知的ストックに貢献するような情報もあるでしょう。

たとえば、司馬遼太郎の小説の多くは超一流のエンターテインメントですが、同時にまた組織論やリーダーシップのケーススタディとしても読むことができます。新撰組というのは世界史的に見てもユニークで強力な剣客集団だと思いますが、ではこのような組織をどうやってつくり上げたのか。土方歳三の人生を取り上げた司馬遼太郎の『燃えよ剣』を読むと、組織づくりにおけるさまざまな示唆を得ることができます。

ということで、実際には上記の四つの目的は、本1冊と一つの目的が一対一で対応するわけではない、ということです。重要なのは、自分がいまどの目的モードで本を読んでいるのか、ということに意識的になる、ということです。そして、その意識された目的に応じて、読書のアプローチやテクニックを使い分けることが求められる、ということです。

『燃えよ剣』
司馬遼太郎（新潮文庫）

## まったく違う「読み方」が求められるビジネス書と教養書

前節では、ビジネスパーソンが高い知的成果を生み出していくためには、ビジネス書と教養書の二つを両輪のように組み合わせて読み進んでいくことが必要だ、と指摘しました。

さて、ここで注意しなければいけないのが、両者はまったく読み方が異なる、ということです。

まず、ビジネス書の読み方について指摘すれば、基本は乱発される安易系を避けて、できるだけ名著を押さえ、読書ノートは作らない。狭く深く読むのがビジネス書ということになります。

一方で教養書の読み方について、基本は雑多な本を幅広く気の向くままに読み、読んだら読書ノートを作る。広く浅く読むのが教養書ということになります。

なぜ、このように「違う読み方」が必要になるのか？　詳しくは後ほど丁寧に説明していきますが、理由を簡単に述べれば、ビジネス書は定番・名著と言われる本の数がそれほどないので、基本的にそれらの定番・名著を押さえておけば、大概の場合は大丈夫だということです。

狭い範囲を繰り返し読むので忘れる恐れもないのに加えて、当たり前ですが内容はビジネスに直結していますので、わざわざ自分で「ビジネスへの示唆を抽出する」ための読書ノートを作る必要性は低い。

一方で、リベラルアーツ関連の書籍については、先ほどのビジネス書と真逆になります。定番・名著と言われるものが確定しているという点では同じですが、ジャンルが多岐にわたるため、こういった定番・名著をすべて読むわけにもいきません。

また、その内容は必ずしもビジネスへの示唆に直結していないため、後でどんなかたちでビジネスの役に立つのか、いま現時点ではよくわからないことも多い。そのため、後で立ち返って考えたり、参照したりするための読書ノートの作成が必須になるわけです。

世の中にはいろいろな読書論・読書技術に関する研究があって、それぞれに主張が相反していることも多いのですが、なぜそんなことが起こるのかというと、前提となる「読書の目的」と「本の種類」を整理していないためです。

たとえば、特に議論が分かれる問題として「読書ノートを作るべきか、否か」という論点があります。ある論者は「本を読んだら読書ノートを作るべきだ」と主張し、別の論者は「読書ノートなど作っていたら面倒くさくて、そもそも読書が嫌になってしまう」と主張している。

こういった不毛というか、ある意味で滑稽な意見の齟齬《そご》がもう数十年も続いているわけです。読書ノートは作るべきか、否かという問いについて、結論からいえば「読んでいる本の種類と目的によって答えは変わる」ということになります。

先述した通り、「ビジネスにおける知的生産力を高めるため」に、かつ「教養書を読む」ということであれば、読書ノートを作らなければその本から引き出せる知的成果は大幅に小さくなってしまうでしょう。なぜなら、教養書で得られた知識というのは、即座にビジネスにつながるものではないからです。

つまり、得られた知識が実際に実用的な価値を生み出すまで大きな時間差があるのです。この時間差がある、というのがポイントで、要するに忘却してしまうわけです。だから教養書で得られた知識は読書ノートを作成することで、「必要になったときに立ち戻って参照する」ための仕組みが必要になるのです。

しかし一方で、同じ目的であってもビジネス書を読むということであれば、また条件が変わってくる。ビジネス書というのは、定義からしてビジネスに役立つ示唆や洞察が書かれている本です。ですから、得られた知識を「いま、ここで」活用することが可能です。したがって忘却の恐れは少なくなり、必然的に読書ノートを作成する必要度合いは下がります。

あるいは、そもそも「単に娯楽として時間つぶしのため」に、「推理小説を読む」ということであれば、読書ノートをとるのはナンセンスでしょう。そういうときは思いっきり楽しめばいいのです。

読書の技術や方法論について、いろいろな人がいろいろな論を戦わせていますが、議論が不毛になりがちなのは、異なる読書の目的について、どのアプローチが正しいかを議論しているからなんです。読書のアプローチについては、いま読もうとしている本をどのような目的のためにインプットするのかによって変わってくる、ということです。

# インプットは「短期目線」でいい

「独学の技術」を学ぼうなどと考えるマジメな人であれば、将来のキャリア上の目標から逆算して読むべき本を選ぶ、というアプローチを考えるかもしれません。しかし私は、こういった長期目線の読書というのは、ことリベラルアーツに関連する読書には必要ないだろうと思っています。

というのも、結局のところキャリアは予測できないし、するべきでもないからです。成功したビジネスパーソンは、どのようにしてキャリアを計画し、それを実行していったのか。ビジネスの世界で成功したいと願う人であれば誰もが考えるであろうこの問いについて、実際に調査したのがスタンフォード大学の教育学・心理学教授のジョン・クランボルツでした。

そして、クランボルツは調査の結果をまとめ、キャリアの8割は本人も予想しなかった偶発的な出来事によって形成されているということを明らかにしました。逆に言えば、長期的な計画を持って、その目的達成のために一直線の努力をするというのはあまり意味がないということです。

クランボルツは、キャリアの目標を明確化し、自分の興味の対象を限定してしまうと、偶然に「ヒト・モノ・コト」と出会う機会を狭めることになり、結果としてキャリアの転機をもたらす8割の偶然を遠ざけてしまうと警鐘をならしています。

クランボルツの調査からは、成功する人は「さまざまな出会いや偶然を、前向きに楽しめる」という共通項があることがわかっています。これを読書術に当てはめて考えてみれば、将来の目標を設定して、その目標から逆引きして読むべき本を決めてそれに集中するというのは、効果的でないどころか、むしろ危険ですらあると言えるでしょう。

「長期的な目標を決め、その達成のために一意専心に頑張るのは危険」という、このクランボルツの指摘は、今後ますます重要性を増すように思います。というのも、世界の変化がこれまで以上に速くなっているからです。

米デューク大学のキャシー・デビッドソンは「2011年度にアメリカの小学校に入学した子供たちの65%は、大学卒業時にいまは存在していない職業に就くだろう」と主張しています。

情報化が進むに従って、我々の働き方は大きく変わってきました。たとえば、10年前には「ソーシャルメディア」などという業界は存在しませんでした。企業がイノベーションを実現するたびに業態が変化し、新しい職業が生まれ、既存の専門職を置き換えつつあるのです。

まとめれば、「将来きっと役に立つだろう」という理由で読むべき本を選別する必要はないということです。常に「いま、ここ」ですぐに役立つとか、あるいは面白いとかといった刹那的な選好がずっと重要であって、あまり中長期的な目線で読書をしなくてもいいと私は考えています。

## 「知の創造」は予定調和しない

読書は短期目線でいいと指摘する理由について、別の角度から述べてみたいと思います。それはイノベーションもまた予定調和しない、ということです。

最近、多くの企業、それも日本を代表するような大企業から、「イノベーションを加速するための組織開発、人材開発を手伝ってほしい」というご相談をいただくのですが、どうもイノベーションというものについて、相当誤解が蔓延しているという印象を持ちます。

これは恐らくMBA的な、経営管理の側面が強い知識が普及したことの悪影響なのだと思うのですが、一言でいうと、「イノベーションは体系化できる」という誤解を持っている方が多いのです。そして、我々のような会社に「その体系を教えてくれ」ということでいらっしゃるのですが、これは難しい。

スティーブ・ジョブズは、ビジネスウィークの記者から「あなたはどうやってイノベーションを体系化したのですか？」と聞かれて、「そんなことはしちゃだめだ」と即答しています。

経営学の教科書とは逆に、人文科学全般の、あるいは自然科学における過去の大発見の過程は、イノベーションそのものをマネージすることはできないことを示唆しています。

イノベーションが起こりやすい組織をマネージによって生み出すことはある程度できるかもしれませんが、イノベーションというのは花のようなもので、それ自体を人為的に生み出すことはできないのです。我々ができるのは、花が育ちやすい土壌と環境を整えて十分に栄養と日光を注いでやることだけです。

では具体的に、その体系化の中にどんな誤解があるかというと、大きなものの一つとして「用途市場を明確化してからイノベーションを目指すべきである」という仮説が挙げられます。

確かに、経営学の教科書をいくつか読んでみると、開発の初期段階からターゲット市場、ターゲットユーザーを明確化することが、ある種のルールとして書かれていることが多い。しかし、こんなことをしたらイノベーションは起きません。歴史をひもといてみればすぐにわかることで、過去の偉大なイノベーションは、本来意図した用途市場とはまったく別の用途で花開いているケースが多いのです。

たとえば飛行機がそうです。現在と同様の原理で飛ぶ飛行機を実際に作り上げたのは、もちろんライト兄弟ですが、では彼らが飛行機の発明によって、人物や物資を運搬することで対価を得るという今日の航空産業を思い描いていたかというと、実はまったくそうではないのです。

ライト兄弟は、ある別の、崇高とも言っていい目的で飛行機を発明している。それは戦争の終結です。航空機が真に民主的な政府の手に渡れば、偵察の範囲も広がるために

ライト兄弟
ウィルバー・ライト（左）
（1867 ～ 1912）
オーヴィル・ライト（右）
（1871 ～ 1948）飛行機発明者

奇襲なども不可能になり、戦争の抑止機能になるだろうと彼らは考えたのです。

しかし実際にはご存知の通り、飛行機は米国による広島、長崎への原爆投下やベトナムへの枯葉剤散布など、人類史にも例を見ないような残虐行為に用いられることになります。あまり知られていないのですが、ライト兄弟は、最終的に飛行機を発明したことを悔いていたのです。

トーマス・エジソン
（1847～1931）発明家

さらにわかりやすい例を加えれば、蓄音機がそうです。これはご存知の通り、エジソンの発明ですが、ではエジソンがプライベート空間で音楽を楽しむという、今日の音楽産業を思い描いていたかというと、これもまったくそうではありません。

彼は、蓄音機の用途として「速記」や「遺言の記録」といったことを考えていたようですが、そんなものが大きな経済価値につながるとはどうしても思えず、蓄音機のアイデアを早々に放逐しています。

用途市場を明確化してもイノベーションは発現しない。ということになるとターゲット市場を明確化せず、無駄なことでもドンドン許容して研究するべきなのかということになるわけですが、さすがに、そんなことをしていたら会社がもちません。

ここで重要になるのが「何の役に立つのかよくわからないけれども、なんかある気がする」というグレーゾーンの直感です。これは人類学者のレヴィ・ストロースが言うところの「ブリコラージュ」です。

レヴィ・ストロースは、南米のマト・グロッソのインディオたちを研究し、彼らがジャングルの中を歩いていて何かを見つけると、その時点では何の役に立つかわからないけれども、「これはいつか何かの役に立つかもしれない」と考えてひょいと袋に入れて残しておく習慣があることを『悲しき熱帯』という本の中で紹介しています。

そして、実際に拾った「よくわからないもの」が、後でコミュニティの危機を救うことになったりすることがあるため、この「後で役に立つかもしれない」という予測の能力がコミュニティの存続に非常に重要な影響を与えると説明しています。

そしてこの不思議な能力、つまりあり合わせのよくわからないものを非予定調和的に収集しておいて、いざというときに役立てる能力のことを、レヴィ・ストロースはブリコラージュと名付けて近代的で予定調和的な道具や知識の組成と対比して考えています。

レヴィ・ストロース
（1908～2009）社会人類学者

ブリコラージュという言葉は、なんだか高尚な現代思想のコンセプトのように使われる傾向がありますが、なんということはなく、フランス語の「日曜大工」という意味です。フランスのホームセンターに行くと、いわゆる「ＤＩＹ」のコーナーにはブリコラージュと書かれているくらいですから、ごくごく普通に使われている言葉だと言っていい。

つまり、本来の文脈に戻して考えてみれば、日曜大工のように、自分で何かを作るということを前提にして、何の役に立つかわからないけれども、この材料・道具は家に置いてあると後々に便利そうだという感覚です。

これを独学のシステムに当てはめて考えてみれば、いますぐ何の役に立つかはわからないけれども、この本には何かある、この本はなんだか知らないけどスゴイ、という感覚が大事だということです。今日とか明日に役に立つのかと聞かれれば、それはなんともわからない。だけれども、自分の中の何かと反応している、なんとも説明できないのだけど、この本を読まずにいられない、そんな感覚です。

なんともふわふわとした表現で申し訳ないのですが、この感覚はとても重要だと思っています。極論すれば、読書をどれだけその人のユニークな知的生産につなげられるかどうかは、この「この本には、なにかがある」という感度の強弱によって大きく左右されてしまいます。この感覚は、ハンターが茂みの向こう側に獲物の存在を感じ取る感性と言い換えられるかもしれません。知的な営みである読書においても、こういった野性的な感性は必要だと思います。

話を元に戻せば、つまりブリコラージュというのは日曜大工だという話でしたが、これはこれで示唆深いと思うのです。というのも、日曜大工というのはつまり、最終的に「作る人」は自分だということなんですね。簡単なものでも、でき上がりが不器用でもかまわない、ただ、お仕着せのものではなく、あくまで自分が集めた材料で作り上げた「なにか」ができ上がるということ。

「なんとなく、これは役に立つかもしれない」という感覚で集められた道具が、後でいろいろと組み合わされることで、コミュニティの危機を回避する助けになる。同じような感覚が、独学にも必要だということです。

将来をあらかじめ見据えて、
点と点をつなぎあわせることなどできません。
できるのは、後からつなぎ合わせることだけです。
だから、我々はいまやっていることが
いずれ人生のどこかでつながって
実を結ぶだろうと信じるしかない。

スティーブ・ジョブズ
（スタンフォード大学の卒業スピーチより）

# 無目的な勉強こそ後で活きる

「読書は短期目線でいい」という指摘を別の言葉で表現すれば、「無目的なインプットこそが大事」ということになります。なぜかというと「無目的なインプットをやってこなかった人は、肝心要の時期にアウトプットできなくなる」からです。

どういうことでしょうか。まずは、基本的な前提から確認しておきましょう。

それは「アウトプットとインプットの量は長期的には一致する」という前提です。これは要するに「人生全体で見てみれば、アウトプットの量とインプットの量は同じだ」ということです。アウトプットする人はインプットしている。逆にいえば、インプットせずにアウトプットしていれば、どこかで涸れてしまうという話で、実に当たり前の前提です。

実名を挙げるのはさすがに憚られるのでここでは差し控えますが、一時的にベストセラーを連発して飛ぶ鳥を落とす勢いだったのに、ぱったりとアウトプットできなくなってしまう人がいる一方で、頭の中はどうなっているのかと思われるほどに、ノベツマクナシに本を出し続けられる人がいます。

たとえば、明治大学教授の齋藤孝氏は年間で20～30冊という驚異的なペースでここ10年ほどのあいだ執筆し続けています。

アウトプットがぱったりと涸れてしまう人がいる一方で、長期間にわたってアウトプットの質・量を維持できる人がいる。この違いはどこから生まれてくるのでしょうか？

両者のキャリアや経歴を比較してみて気づくのが、「アウトプットし続けている人は、人生のどこかでインプットし続けている時期がある」ということです。たとえば齋藤氏の例で言えば、大学院修士時代から博士課程を終えた後、いわゆるポスドクの時期まで、ひたすらインプットしまくっている時期があります。

これは内田樹氏にしても同様で、継続的に質の高いアウトプットを出し続けている人に共通しているのは、「人生のどこかでひたすらインプットし続けている時期がある」ということです。

この事実から得られる洞察は次の通りとなります。すなわち、よく言われる「インプットはアウトプットが必要になったときにすればいい」「アウトプットの目安がついていないインプットは非効率」という意見は、実は非常にミスリーディングで、逆に言えば、無目的に興味の赴くままに、ひたすらインプットする時期がないと、長い期間にわたって継続するような真に強力でユニークな知的戦闘力は身につけられない、ということです。

どうしてこういうことになるのでしょうか。これを経済学的に考えてみれば、いわゆる「機会費用の問題」として整理できます。

たとえばアウトプットが一時的にウケて、次々と仕事が舞い込んだとしましょう。そういう状況でインプットのために勉強するのは、機会費用が大きい。なぜならば、持っている時間を執筆や講演に使えば、それがお金になるのに、インプットのための勉強は、それ自体ではお金を生み出さないからです。つまり、実際にアウトプットが求められる段階になってからインプットの勉強をするというのは、非常に機会費用が大きいわけです。

では、機会費用を小さくするにはどうすればいいか。答えは一つしかありません。まだ誰からも「本を書いてほしい」「アドバイスをしてほしい」「手伝ってほしい」と言われていない時期、時間が腐るほどあるという時期、そういう時期に思いっきりインプットをする。これしかありません。

これが世の中で「よく言われる勉強法」のアンチテーゼになっていることに気づいたでしょうか？　一般に、ビジネスパーソンの勉強法に関しては「いずれ必要になったら、そのときに必要な勉強をすればいい」というものです。こういう意見を言う人は多いし、さらに言えば合理的にも聞こえます。しかしこれは、やっぱりダメだろうと思うのです。

「インプットが必要になったとき」というのは、もう「舞台に立て」と言われているわけですから、そこで勉強をしているようでは、どうしても付け焼刃的な知識の表面的なインプットにならざるを得ません。

結局、どこかで聞いたような話を、自分のユニークな体験を交えて語るという、よくあるビジネス書のスタイルにならざるを得ないわけで、その人ならではのユニークな切り口とか、あるいは他のジャンルの知見と組み合わせた独自のソリューションとかというのは、どうしても出しにくいということになります。

人生において、他者からアウトプットを求められていない時期、インプットのための機会費用の小さい時期にしか、大量かつ無節操なインプットはできません。

そして、いざ他者からアウトプットを求められる時期になって、その人らしいユニークな知的アウトプットを生み出せるかどうかは、この無節操なインプットの蓄積によると考えれば、若いときの無目的で無節操な勉強こそ、継続的に知的生産力を維持するために重要だ、ということになります。

読書法は、ただひとつ、
濫読せよという説があり、
私もこの説に大賛成である。
読書法はそれ以外にはない。
言葉をかえれば、
好奇心を失うなということになるだろうか。
とくに若いうちは絶対に濫読が必要である。
濫読の時期のなかった人は
大成しないと極言してもいい。

山口瞳『続　礼儀作法入門』

## 心地良いインプットに用心する

心地良いインプットというのは「共感できる」「賛成できる」インプットということです。こういうインプットは、文字どおり「心地良い」ので、注意しないとこういう種類のインプットばかりになってしまうのですが、これはとても危ない。なぜかというと、こういうインプットばかりしているとバカになるからです。

「共感できる」「賛成できる」インプットばかりを積み重ねているということは、同質性の高い意見や論考ばかりに触れているということです。こういった知識を積み重ねると知的ストックが極端にかたよって独善に陥る可能性があります。

同質性の高い人たちが集まると、意思決定のクオリティが著しく低下する傾向があることを示したのは心理学者のアーヴィング・ジャニスでした。ジャニスは、ピッグス湾事件やヴェトナム戦争などの「非常に聡明な人々が集まって、極めて貧弱な意思決定をしてしまった」という事例を数多く取り上げ、そこに発生している「意思決定品質を破壊するメカニズム」を「集団浅慮＝グループシンク」と名付けました。

このジャニスの研究以外にも、多くの組織論の研究が、多様な意見のぶつかり合いによる認知的な不協和がクオリティの高い意思決定につながることを示しています。

要するに、どんなに知的水準の高い人でも「似たような意見や志向」を持った人たちが集まると知的生産のクオリティは低下してしまうということです。これは個人の知的ストックにおいてもまったく同様だといえます。

肯定と否定が、より高い次元では同じものだと指摘したのはジグムント・フロイトでした。強い肯定＝愛情は、強い否定＝憎悪と紙一重の関係であり、双方ともに心理学的には転移が発生している状態として整理できます。

この状態の反対は「無関心」、つまり転移の解除ということになります。本を読んでいて強い反感や嫌悪感を覚えるというとき、その情報は私たちの中にある何かと共鳴しています。そういえば、ヘルマン・ヘッセの『デミアン』の中にこんなセリフがありますね。

――ある人間を憎むとすると、そのときわたしたちは、自分自身の中に巣くっている何かを、その人間の像の中で憎んでいる

ジグムント・フロイト
（1856～1939）精神医学者

——わけだ。自分自身の中にないものなんか、わたしたちを興奮させはしないもの。

強い怒りや嫌悪感は、自分たちの中にある「何らかの痛み」を指し示している可能性があります。たとえば、キャリアカウンセリングをする際、「好きなもの」よりも「嫌いなもの」を聞いた方が、その人のパーソナリティの深い部分に入り込めることが多い。いままでの人生でもっとも怒りを感じたことを思い出し、なぜ、それほどまでに強い怒りを感じたのかを考えてみるわけです。

恐らく、それは自分にとって一番大事なものが蹂躙《じゅうりん》されたと感じたからです。怒りというネガティブな感情を反射板にして、自分が一番大事にしているものにそっと耳を澄ます。強い反感や嫌悪感を覚えるときは、それもメモしておきましょう。後でいろいろな気づきにつながることになります。

つまらぬことにでもいったん自分の知的良心を捧げてしまうと、
そう簡単には折れようとはしなくなる。
自分の抱いている信条は基本的に良いものなのだと
自分にいいきかせることによって、自己犠牲を正当化しようとし、
この自己犠牲は要求されるかもしれぬ
どんなわずかな道徳的または知的譲歩よりもまさっているとみなされる。
このような道徳的または知的犠牲を払うごとに、
ますます深みにはまりこんでいく。
その信条に注ぎこんだ道徳的または知的投資を、
さらなる投資によって補強しようという気になる。
それは、損失を回復しようとしてますます損を重ねていくのに似ている。
私は、このメカニズムが自分の場合に
どのようにはたらいたかを知り、ぞっとした。

カール・R・ポパー『果てしなき探求』

## ガベージイン＝ガベージアウト

システムの用語に「ガベージイン・ガベージアウト」という言葉があります。システムがどんなに優れたものであっても、そこに入れる情報がゴミのようにくだらないものであれば、出てくるのはゴミのようにくだらないアウトプットでしかない、ということを指すシステム用語ですが、この指摘はそのまま独学のシステムにおいても当てはまります。

いくら皆さんが優れた独学システムを構築したとしても、ゴミのようなインプットを繰り返していれば、いつまでたってもゴミのようなアウトプットしか生み出せないでしょう。

となると、次に「ではどうやってゴミを峻別するか？」という問題が浮上します。

結論から言えば、ゴミの峻別は結構難しいので、まずは名著・古典と言われているもの、つまり「ハズレ」のなさそうな評価の確立したインプットをしっかり押さえることが重要だと思います。

たとえば経営学に関していえば、評価の確立していない新刊を広く浅く読むよりも、すでに評価の確立した名著とされる書籍をしっかりと読み込むということです。

こういった書籍はそれほど量があるわけではありません。数え方にもよりますが、せいぜい20~30冊程度でしょう。評価の確立していない新刊のビジネス書をあれこれつまみ食いするよりも、こういった古典・定番の本を繰り返し繰り返し読んで考える方が時間の費用対効果としては高いと思います。

パーソナルコンピューターという概念を世界で初めて提唱したアラン・ケイは、研究所時代に1冊の本を半年間、他に何もせず、ひたすら集中して何度も読み返したことで「コンピューターは計算機という枠を外れて、いずれはメディアに近いものになるだろう」という革命的なアイデアに行き着いたと述懐しています。

その本とはマーシャル・マクルーハンの『グーテンベルクの銀河系』です。このエピソードは、深く濃く読むに値する本を見つけて、それを何度も読むことの重要性を示唆しています。

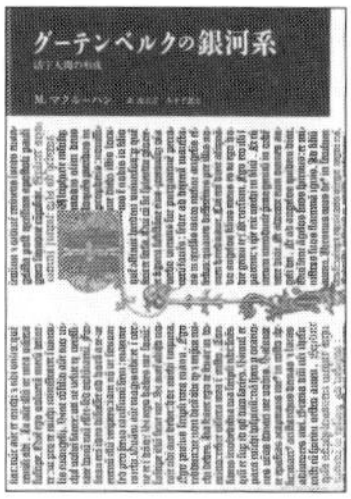


『グーテンベルクの銀河系』
マーシャル・マクルーハン
(みすず書房)

アラン・ケイ
(1940 ~) 計算機科学者

一般に、知的生産に優れた人と聞けば、大量の書籍を乱読しているというイメージを思い浮かべるかもしれませんが、それは必ずしも正しくありません。一見、数多くの書籍を乱読しているように見えるかもしれませんが、私の経験からいえば、彼らは間違いなく「深く鋭く読むべき本を見つけるために、大量の本を浅く流し読みしている」のです。

深さと広さは必ずトレードオフになります。深く、広く読むというのは一種の幻想でしかない。広く読めば必ず浅くなるし、深く読めば必ず狭くなる。

そして、その人の知的生産のベースになるようなストックというのは、浅薄な読書からは得られません。掘るだけの深みのある本を、それこそ著者と取っ組み合いをするようなモードで読むことで、その読書体験が結晶となって知的ストックに貢献します。

そうした読み方を繰り返しながら、ある程度古典や名著に通暁してくると、「ゴミ」に対して目が利くようになってきます。表紙を見る、あるいはパラパラッと書店でめくってみてすぐに「あ、これはゴミだ」とすぐに判別できるようになります。

ということで、これ以上ゴミを増やさないためにも、まずは「ゴミを食べない」ように心がけましょう。

どんなものを食べているか言ってみたまえ。
君がどんな人であるかを言いあててみせよう。

ブリア・サヴァラン『美味礼讃』

# 未来をつくるためにこそ古典を読む

キューバ建国の英雄エルネスト・チェ・ゲバラは、大変な読書好きで、とにかく本がないと生きていけない人でした。そんな彼が、ゲリラ活動をしていたコンゴのジャングルから、家にいる妻に本を送ってくれるようにお願いした手紙が残っているのですが、このリストがすごい。

・ピンダロス『祝勝歌集』
・アイスキュロス『悲劇』
・ソフォクレス『ドラマと悲劇』
・エウリピデス『ドラマと悲劇』
・アリストファネスのコメディ全巻
・ヘロドトス『歴史』の7冊の新しい本

エルネスト・チェ・ゲバラ
(1928～1967)
政治家・革命家

・**クセノフォン『ギリシア史』**
・**デモステネス『政治演説』**
・**プラトン『対話編』**
・**プラトン『国家』**
・**アリストテレス『政治学』（これは特に）**
・**プルタルコス『英雄伝』**
・**セルバンテス『ドン・キホーテ・デ・ラ・マンチャ』**
・**ラシーヌ『演劇』全巻**
・**ダンテ『神曲』**
・**アリオスト『狂えるオルランド』**
・**ゲーテ『ファウスト』**
・**シェークスピアの全集**
・**解析幾何学の演習**

最後の解析幾何学というのは、一体どうして読もうと思ったのか気になりますが、いずれにせよ、すべて古典中の古典です。

新しい国を人工的につくるという歴史上かつてない営みに手を染めつつある人が、そのための参考書として選んだのが、近代市民国家成立以降の啓蒙書ではなく、一番新しいものでも数百年、多くが1000年以上前のギリシア時代からローマ時代に書かれた書籍であったことは、同様に将来を見通すことが難しい時代に生きている私たちに対して一つの教訓を示してくれているように思えませんか？

江戸時代の驚異の碩学《せきがく》、荻生徂徠《おぎゅうそらい》も父親の失脚に伴って本がほとんどない田舎に蟄居《ちっきょ》せざるを得なくなり、仕方なしにやっとこさ手に入った少数の古典、なかでも父親が筆写した林羅山《らざん》の『大学諺解《げんかい》』を10年以上にわたって繰り返し読んだところ、ついにはそれらを逆さまに暗唱できるくらいになっています。

最新の書籍は選べず、古典を繰り返し繰り返し読むしかなかったわけです。しかし、その後、蟄居の命が解けて25歳のときに江戸に戻ってきた頃にはすでに重鎮の国学者と議論してこれをことごとく打ち破るような「知の怪物」になっていたそうですから、最新の知識や情報をなんでもかんでも好きなように選べるというのは知性を育むという意味ではとても危険なことなのかもしれません。

荻生徂徠
（1666 ～ 1728）儒学者

万人向きの書物は
常に悪臭を放つ書物である。

フリードリッヒ・ニーチェ『善悪の彼岸』

## 身の丈に合ったインプットを

ゴミをインプットしないためにも、まずは名著あるいは定番と言われる書籍から読みましょう、とは言ったものの、あまりに身の丈に合わない難解な本を無理して読むというのも、これはこれで問題があります。

確かに、いわゆる名著・定番と呼ばれる本であれば、それなりの内容が保証されているわけで、読んでみたら「ハズレ」だったという確率は低いかもしれません。しかし、だからといって、こうした本を「何が言いたいのか、チンプンカンプンだなあ」と思いながら、歯を食いしばるようにして読んでも、結局は消化できずに無駄骨に終わるだけです。

確かに、こけおどしの教養を身につけるためということであれば、意味など咀嚼できなくても「ジャック・ラカンの本にこういう指摘があるよね」などと知的スノッブを気取ることはできるかもしれません。

しかし、インプットの目的を「知的戦闘力の向上」に置くのであれば、自分の身に引きつけて咀嚼することのできない内容は、いくらインプットしても消化されず、結果的に血肉になることなく、下痢のようにして体を通過していくことになるだけでしょう。

知的戦闘力の向上に貢献する実質的な知的ストックを作るという目的に照らせば、どんなに評価が高く、多くの人がほめちぎっている名著・定番と呼ばれる本であっても、自分自身が心底面白いと思えないのなら、その本には1ミリの価値もないのだ、と断定するくらいに独善的でいいと思います。

夏目漱石の『それから』に、財閥を一代で築いた無学な父と、その父を心底軽蔑している息子の代助とのあいだに交わされる、こんなやりとりがあります。


---

「お父さんは論語だの、王陽明だのという、金の延金《のべがね》を呑んでいらっしゃるから、そういうことをおっしゃるんでしょう」

「金の延金とは」

代助はしばらく黙っていたが、ようやく、

「延金のまま出て来るんです」と言った。


代助がここで言っている「金の延金」とは、世間で高く評価されている名著・定番のことだと考えてみてください。これを父は噛み砕き、咀嚼して自分のものにすることなく、そのまま飲み込んでは隣人に対して吐き戻しているだけだ、と代助は非難しています。

噛み砕き、いわば砂金とすることなく、「延金」のように丸呑みしているから、人に話すときにも「延金」のまま吐き出すだけで、自分なりの言葉にすることができず、しかも、それに自分で気づいていない。そういう父の「知性の薄っぺらさ」を代助はここで揶揄しているわけです。

人が、ある本を面白いと思えるか思えないかは、その人の能力や置かれた状況、つまり文脈によって決まります。消費癖のある女性をパートナーに持った経験のある男性であれば、フローベールの『ボヴァリー夫人』に沁《し》みるような哀切を感じるでしょうし、不毛な事業に徒労感を募らせている人であれば、マルグリット・デュラスの『太平洋の防波堤』に強い共感を覚えるでしょう。本というのは人と同じように出会った場所と時によってつながれ方、結ばれ方がまったく変わってしまうところがあります。

逆の言い方をすれば、かつて面白いと思えなかった本でも、文脈が変わればまた評価も変わってくる可能性があります。私はその体験を多くの哲学書や組織論の書籍について体験しました。

学生時代にあれほど難解だと思われたサルトルやラカンが、中年になってから読み返すと不思議とスラスラわかるのはどうしてなのか？　どんなに頑張っても読了できなかった組織行動論や心理学の本を、いまこれほど面白いと感じながら読めるのはどうしてなのか？

こういった変化は決してアタマが良くなったからということではなく、「いま、ここ」にいる私自身の置かれた文脈が、かつてのそれとは違うからということでしかありません。

常に、身の丈に合ったインプットを心がけましょう。

『太平洋の防波堤』
フランソワーズ・サガン
（河出書房新社）

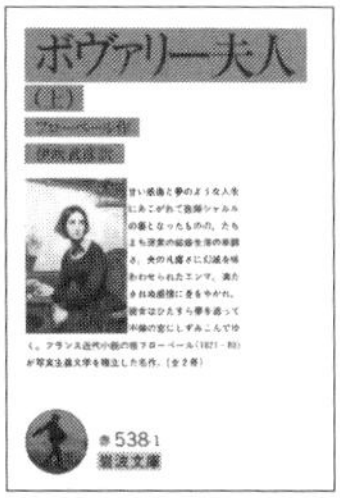

『ボヴァリー夫人』
フローベール
（岩波文庫）

読書には時期がある。
本とジャストミートするためには、
時を待たねばならないことがしばしばある。
しかしそれ以前の、
若い時の記憶に引っかかりめいたものをきざむだけの、
三振あるいはファウルを打つような読み方にも
ムダということはないものなのだ。

大江健三郎『私という小説家の作り方』

# 関連分野を固めて読む

先述した通り、本書では「インプットされた内容は、基本的にすべて忘れる」という前提で論を進めています。とはいえ、やはりインプットされた内容が忘却されずに定着する「効率のいい読み方」というのはあると思っています。

それは「関連分野の固め打ち」です。ある分野の書籍を一時期にまとめて読むと1冊1冊の本の内容が相互に連関し始め、より強固に頭の中に定着するようになります。このとき、本と本とのあいだにはメタファー（隠喩）の関係と、メトニミー（換喩）の関係の2種類があることを意識すると知識の構造化を進めやすいでしょう。

日本語では隠喩も換喩もひっくるめてメタファーと言われたりしますが、厳密にはこれら二つは別の構造です。たとえばヴェネチアを「ゴンドラの街」とたとえるのはメトニミーになりますが、ヴェネチアを「アドリア海の宝石」とたとえればメタファーになります。

読書に当てはめてみると、たとえばヴェネチアに関する本を読んでヴェネチアに興味が出てきたら、次にゴンドラについて調べてみる、または第四次十字軍について調べてみる[*3]、というのがメトニミー的展開の読書で、本と本とのあいだが縦の階層構造を形成することになります。

初学者向けの本から入って、より深く勉強したい領域については専門書をひもといてみるというアプローチも、メトニミー的読書と言えるでしょう。それぞれの本の内容が階層構造になるので全体像を掴みやすいというのがメトニミー的読書の利点です。

一方、メタファー的展開では読書の対象となる領域はどんどん横に展開していくことになります。たとえばリーダーシップ論を読んで南極点到達に初めて成功したアムンゼンに興味を持ち、次にアムンゼンの南極探検記に目を通してみる、といった展開がメタファー的展開の読書になります。

メタファー的展開の利点は二つあります。純粋に自分が興味を持った対象をその場その場で追いかけてドリフトしていくことになるので興味を維持しやすく、したがって定着効率が高いというのが一点目の利点。

二つ目の利点が、展開を動機付ける元になった本と、展開先の本とが構造関係を形成するので、濃く太い理解が促進されるという点です。たとえば先ほどの例では、リーダーシッ

＊3　ヴェネチアが十字軍の海上輸送を請け負ったものの、最終的になぜかイェルサレムではなくコンスタンチノープルを攻撃することになった。

プに関する本でアムンゼンに興味を持ち、次にアムンゼンの伝記を読むという流れになりますから、リーダーシップ論の枠組みからアムンゼンの行動を分析・理解するという、いわば一段深い読書体験が可能になるわけです。

逆に言えば、理論だけではサラリと流れてしまうリーダーシップ論の学びを、アムンゼンの南極探検という具体的な事例で補強することで、自分にとっての整理も促進され、また人に話すときの説得力も増すという効果が期待できます。

ジグソーパズルをやっていると、ある瞬間から急激に絵の全体像が立ち上がってくるように見えることがありますね。私は読書もこれと同じだと考えています。累積の読書量がある段階を超えて本と本の関係性が見えてくるようになると、読書のスピードも加速度をつけて高まっていきます。

たとえば私の場合、年間でおよそ３００冊前後の書籍に目を通しますが、実際にすべての文字をしっかりと読んでいるわけではありません。すでに見聞きしていること、理解していることはどんどん端折《はしょ》ります。

恐らくすべての文字をちゃんと読んでいるのは全体の３割程度、30冊前後ではないでしょうか。残りの本については、新しいところ、本当に面白いと思うところだけをつまみ食いして読んでいきながら、頭の中にある別の本との結びつきに基づいて整理・構造化を進めているだけです。

これはつまり、読書のスピードは累積の読書量に左右されるということです。

しかし、あてずっぽうに読んでいても本同士が形成するネットワークは臨界密度に達せず、ジグソーパズルの絵は浮かび上がってきません。

ポイントになるのは、本と本との関係をメタファーとメトニミーの構造で捉えることです。この関係性の糸で本を結びつけながらピースを埋めていくと、絵が早く立ち上がってくると思います。

いわゆる頭のいい人は、
云わば脚の早い旅人のようなものである。
人より先に人のまだ行かない処へ
行き着くことも出来る代りに、
途中の道傍あるいはちょっとした脇道にある
肝心なものを見落す恐れがある。

寺田寅彦『科学者とあたま』

## 「教養主義の罠」に落ちない

ここ数年、ビジネスパーソンのあいだで「教養」ブームが起きています。私自身は学部も大学院も出身が哲学科ですから、いわゆる「教養＝リベラルアーツ」がどれほど知的生産の現場においてパワフルな武器になるかということを身にしみて理解しているつもりなので、これはこれでいい傾向じゃないかと思っているのですが、一つだけ留意点を指摘したいと思います。

それは「教養の習得」それ自体を目指さない方がいい、ということです。

大事なのは、教養の習得によって「しなやかな知性」を育むことであり、さらにはそれによって本当の意味で「豊かな生」をまっとうすることでしょう。この目的に照らして考えてみれば、頭でっかちに教養そのものを求めていくことは、むしろ逆効果となることも考えられます。

ポイントは、教養を「仕事の成果の埋め合わせ」に用いない、ということです。

というのも、昨今の教養ブームに思い切り乗っかって踊りまくっている人を観察すると、仕事でなかなか成果が出せないコンプレックスを、教養をひけらかすことで埋め合わせているように思えるからです。

わかりやすく考えてもらうために、次ページの図4を見てください。縦軸は「仕事ができる・できない」、横軸が「教養がある・ない」というマトリックスです。この中で一番望ましいのは、もちろん「仕事ができて教養もある」というマトリックスでしょうが、まあこういう人はめったに出てこないわけですし、出てきてもどうせ勝てないので問題にもなりません。

逆に問題になるのが「仕事はできるけど教養はない」と「教養はあるけど仕事はできない」というマトリックスです。このうちのどちらが上位なのかという問いに対する答えは人それぞれでしょうが、このまさに「人それぞれ」であるというところに、教養主義へと逃避する人が勝機を見ていると思うのです。

単純に「仕事ができる人」と「仕事ができない人」を比べると、後者をより好ましいと思う人はあまりいないでしょう。では、後者に位置付けられる人が、そのコンプレックスを埋め合わせられるような別の評価軸がないかと考えてみると、「教養」というのはとてもパワフルな競争軸として浮かび上がってきます。

**図4 教養主義に逃げ込まない**

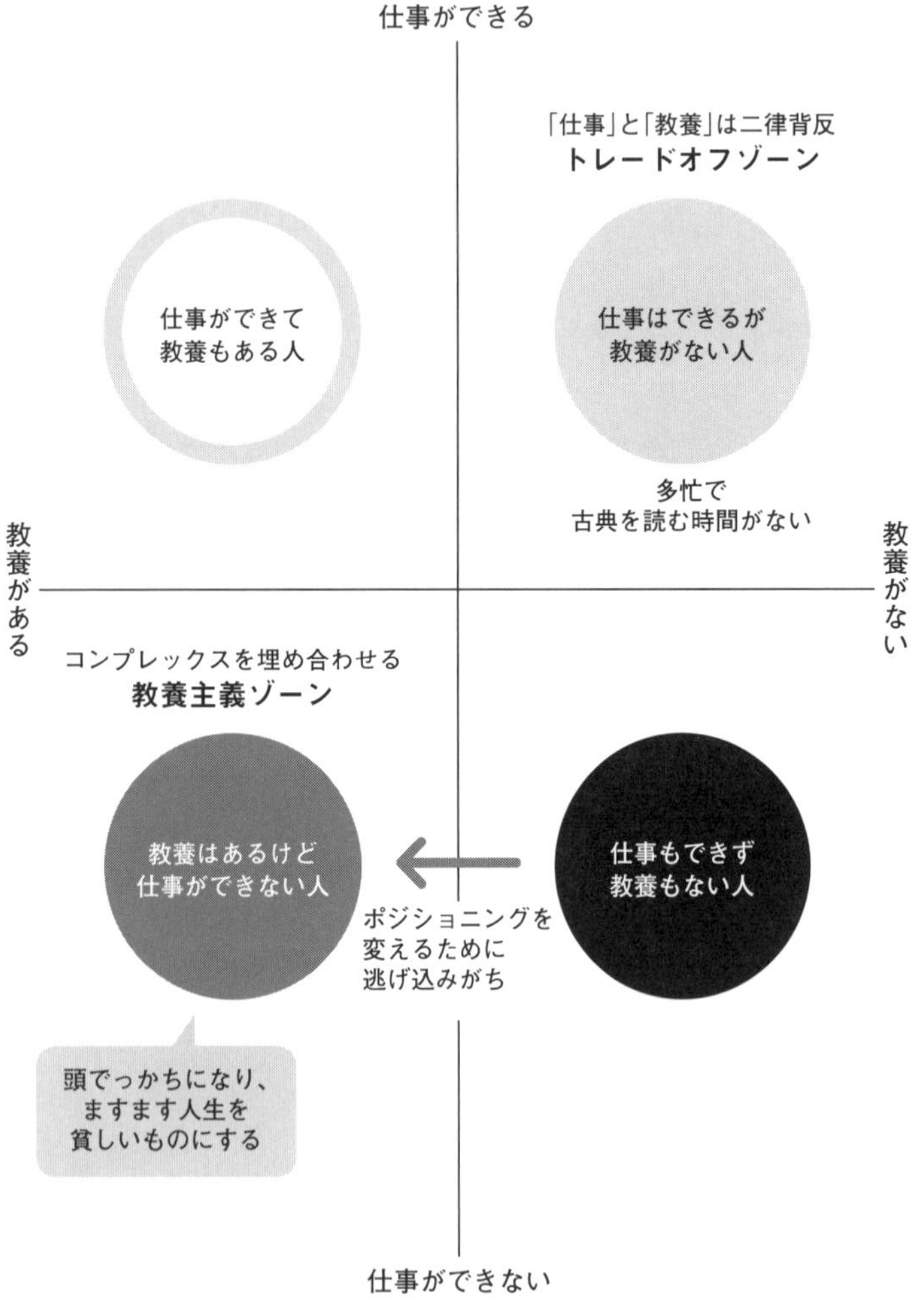
仕事ができる
「仕事」と「教養」は二律背反
トレードオフゾーン
仕事ができて
教養もある人
仕事はできるが
教養がない人
多忙で
古典を読む時間がない
教養がある
教養がない
コンプレックスを埋め合わせる
教養主義ゾーン
教養はあるけど
仕事ができない人
仕事もできず
教養もない人
ポジショニングを
変えるために
逃げ込みがち
頭でっかちになり、
ますます人生を
貧しいものにする
仕事ができない

なぜかというと「仕事ができる人」は大概の場合、非常に忙しいので分厚い古典文学や難解な哲学書なんかを読んでいる暇がないからです。これはつまり、「仕事」と「教養」がトレードオフになっている、もっと直截に言えば「教養」というのは多くの「仕事ができる人」にとって急所だということです。

「○○さんって、優秀ですよね」
「ああ、そうだね。でも教養ないでしょ、あの人」

と言えればどんなに気持ちいいか、と思う人の気持ちはわからないでもありません。「仕事ができない」というのは現代社会では死刑宣告みたいなもので、そのために社内でも社会でもこれまで脚光をあびることのなかった人が、自分なりに「別の死刑宣告」をするために異なる競争の枠組みを設定して自己満足に浸ることができる。これが、教養主義が過剰にはびこりつつある理由ではないかと思うのです。

そのように考えていくと、「仕事ができない」人たちが、自分のポジショニングを変えるために「教養主義」に突っ走るのは、一見するととても合理的に思えるかもしれませんが、しかし実はまったく合理的ではありません。

なぜかというと、教養を頭でっかちに蓄えるだけでは、まったく人生の豊かさは増えない、むしろ偏屈で扱いにくい人間になっていくだけだからです。

前漢時代の歴史家である司馬遷は、その著書『史記列伝』の中で「知ることがむつかしいのではない。いかにその知っていることに身を処するかがむつかしいのだ」と指摘しています。

世の中には「知っていること」自体を一種のファッションのようにひけらかして悦に入っているみっともない人で溢れていますが、司馬遷がかつて指摘したように、大事なのは「知っていること」ではなく、それを「より良い生」に反映させることでしょう。「教養」を身につけることで自分は何を得ようとしているのか、もしかしたら単なるコンプレックスの埋め合わせをしようとしているのではないか、ということを考えることが必要です。安易な教養主義への逃避は、ますます自分の人生を貧しいものにする可能性がある、ということをゆめゆめ忘れてはなりません。

「本当のアーティストは出荷する」という言葉を残したのはスティーブ・ジョブズですが、これはけだし、名言だと思います。ぐだぐだとデザインに関する御託を並べているくらいなら、実

**司馬遷**
（紀元前145～紀元前87）
歴史家

際に商品として世の中にインパクトを出してみろ、という挑発ですが、ジョブズのこの指摘にならえば「本当の教養者は豊かな人生をまっとうする」ということになるでしょうか。

「あの人、まあ活躍しているようだけど、キルケゴールも知らないんだぜ？」とほざく教養主義者には、「ふーん……そういう君はキルケゴールを読んでいるくせにウダツが上がらないようだね」と返してあげましょう。

幸せになるには仕事の出来不出来なんか関係ない、教養こそが大事なんだぜ、などというのはまやかしで、それこそ「無教養」だということを忘れてはなりません。

「知は力なり」。とんでもない。
きわめて多くの知識を身につけていても、
少しも力をもっていない人もあるし、
逆に、なけなしの知識しかなくても、
最高の威力を揮う人もある。

ショーペンハウエル『知性について』

# 情報は量より「密度」

これは第1章の「独学の戦略」でも若干触れたことなのですが、ともすれば忘れられがちなことなので、ここで改めて指摘しておきたいと思います。

それは、独学において大事なのは「入れない情報を決める」という点です。独学の目的を「知的戦闘力の向上」にするということは、とりも直さず「独学のシステムの出力を向上させる」ということですが、現在は情報がオーバーフローの状態にあるので、システムのボトルネックはインプットされる情報の量よりもそれを抽象化・構造化する処理能力のキャパシティにあります。

つまり、いたずらにインプットを増やすよりも、将来の知的生産につながる「スジのいいインプット」の純度をどれくらい高められるかがポイントとなるわけで、わかりやすくいえば「量よりも密度が重要になる」ということです。

だからこそ「テーマ」を設定し、そのテーマに沿ったインプットを意識することが重要なわけです。

情報という言葉を英語にすると、インフォメーションという言葉とインテリジェンスという二つの訳語があります。米国の諜報組織ＣＩＡの訳語は中央情報局ですが、ＣＩＡのＩはインフォメーションではなく、インテリジェンスです。ではインフォメーションとインテリジェンスは何が違うのでしょうか？

言葉自体の元々の定義はともかくとして、こと「知的戦闘力を高める」という目的に照らして考えれば、両者は「その情報を取得したことで意思決定の品質が上がるか？」という点で違いがあります。

インフォメーションが、単なる情報でしかないのに対して、インテリジェンスというのは、その情報から示唆や洞察が得られるということであり、さらにいえば、その示唆や洞察によって、自分の意思決定の品質が上がるということです。

前述したように、私はニュースの類をほとんど見ません。アイドルグループのＳＭＡＰが解散しましたが、このニュースも解散後しばらくたったときに、たまたまタクシーに同乗した同僚から「そういえば、ＳＭＡＰ解散しちゃいましたね」という話題を振られて初めて知ったくらいです。

これを先述した「情報の取得↓示唆の抽出↓行動への反映」という枠組みで考えてみれ

ば、「SMAPが解散した」という、恐らく膨大なエネルギーと時間をかけて日本中の人々が流通させた情報には1ミリの価値もないことがわかるでしょう。私にとっては、SMAPが解散しようがメンバー同士が同性婚しようが、自分の行動の変化に直結する示唆も洞察も得られないからです。

世の中に垂れ流されている情報のほとんどは、誰それが離婚したとか浮気したとか、そういう「自分の人生にとってどうでもいい情報」であることがほとんどです。

そういえば、ビルバオのグッゲンハイム美術館の設計などで世界的に著名な建築家フランク・ゲーリーは、東大の建築学科の授業で次のように語っています。

---

皆さんもひとつ実験してみればわかるのではないかと思います。新聞を読むのをまる一カ月やめてしまうのです。やめて一カ月たっても、知らなければならない大事なことは大体わかっているということに気づくと思います。建築の出版物に対しても同じことが言えるかと思います。実は私は四、五年にわたって購読をやめてしまって、どんな雑誌も全然読まないという時期がありました。しかし、それでも知らなければならないもの、知っているべき重要な建物に関してはちゃんと知っていました。言ってみれば、雑誌を読むとか検討することに時間を使わなくても、どこかからそういう情報は入ってくると

いうことなのでしょう。

東京大学工学部建築学科安藤忠雄研究室・編『建築家たちの20代』

情報には価値がある、と考えられがちなのは、恐らく情報処理におけるボトルネックが「情報の量」だった時代の名残なのでしょう。しかし現在は、情報処理のボトルネックは、「情報の量」から「情報処理のキャパシティ」に移ってきている。だからこそ、いわゆる「ビッグデータ」が問題になるわけです。

あれは「ビッグデータ」という名称から、ポイントが「データの量」にあるように見えるわけですが、そうではなく、誰にでもアクセスできる大量のデータから、どうやって自分にとって意味のある洞察を抽出できるかという「情報処理の能力」についてのキーワードなんです。

同じことが、個人にも適用して言えるのであれば、むしろ積極的に情報は遮断して、自分の持っている情報処理の能力を、自分にとって意味のある洞察や示唆に得られる領域にフォーカスすることが重要なのではないでしょうか。

# 人と話す＝もっとも効率のいいインプット

本書では、「独学におけるインプット」について、主に「読書」を取り上げてここまで考察してきました。しかし、インプットのリソースとなるメディアは、もちろん書籍だけではありません。

映画やウェブサイトや広告なども、独学のための有効なリソースですが、ここでは中でも「人」というインプットリソースについて述べておきたいと思います。というのも、これは見過ごされがちなポイントですが、「人」ほど有効な独学のリソースはないからです。

たとえば私は、ワークショップや会食の場で、よくシェークスピアの戯曲のセリフを用います。じゃあ実際にシェークスピアの戯曲を読んでセリフを覚えたのかというと、実はまったくそうではありません。

ネタバレになりますが、私の父は英文学が趣味で、よく夕食のときに「シェークスピアのマクベスにこういうセリフがあるんだけど……」という話をしていました。で、これがよくあることなんですが、父親というのは同じ話を何度もするわけです。子供のときからそんな話を何度も聞かされれば覚えないわけがありません。

レイ・ブラッドベリによる原作をフランソワ・トリュフォーが映画化した『華氏４５１度』では、壁大のテレビだけがメディアとして認可され、あらゆる活字が禁止された奇怪な未来社会が描かれています。

その社会において体制に反抗する人は、それぞれが1冊の本を丸暗記し、「君はミルトンの『失楽園』」、「彼はシェークスピアの『リア王』」といったように、人間が本と化して山林をさまよう設定になっています。

つまり、この世界においては文字通り「人がメディア」となっているわけです。しかし、歴史を振り返ってみれば、人は長いこと情報の伝達・蓄積を担うもっとも重要なメディアでした。

たとえばヨーロッパ中世の学者は何冊も、トマス・アクィナスのような学者に至っては何十冊という書物を丸ごと記憶していましたし、我が国に目を転じれば国学の開祖である荻生徂徠は、林羅山の『大学諺解』を10年以上にわたって繰り返し読んだところ、ついに

『華氏451度』
レイ・ブラッドベリ
（ハヤカワ文庫 SF）

はそれらを逆さまに暗唱できるくらいになっています。彼らは、肉を切れば文字が血となって滴《したた》るような境地になるまで徹底的に本を消化しつくしたんですね。

では、人がなぜ独学のメディアとして効率的なのでしょうか？　それは人が持つ高度なフィルタリング能力、文脈理解力によっています。

本を1冊まるごと読むよりも、その本を深く理解している人から、いまの自分にとって重要性のある箇所だけをエッセンスとして教えてもらう方がはるかに効率的だということは容易に理解できるでしょう。これはつまり、フットワーク軽くさまざまな人に会って話を聞くということがとても学習においては重要だということを意味しています。

これを身をもって体現していたのが吉田松陰でした。松陰は、10代半ばまではいわゆる座学によって学問を蓄積していましたが、それ以降は机での勉強をほとんど放棄してしまいます。

座学を放棄して、では何をしたかというと、とにかく「偉い学者」に会って話を聞くわけです。全国をわたり歩いて評判の高い国学者や兵学者に面会し、蜜蜂が花から花へと飛翔しながら蜜を集めるように、そういった碩学たちから吸収するということを徹底してやっていったのです。

吉田松陰
（1830 ～ 1859）思想家・教育者

司馬遼太郎の『世に棲む日日』には次のような記述があります。

松陰は、うろうろ歩いている。二十歳の九州旅行いらい、まるで歩くことが商売のようだ。歩くがために脱藩という大罪をおかし、召し放ちになってもこのように性懲りもなく大和路を歩いている。それが、松陰にとって大学であった。

つまり、見識ある人物に会って、その人物から薫陶《くんとう》・知見を得るというのはもっとも効率のいい学習方法だということです。これからの社会を生き抜いていく皆さんは、ぜひとも見識のある人物に直接面会して、教えを乞うことを心がけてほしいと思います。

## 「問い」のないところに学びはない

ストックを厚くしていくためには、恒常的に一定量のインプットを継続しつつ、それらをちゃんと整理しながら定着化させていくことが必要になります。

ここで「どうやってインプット量を維持し続けるか」という点と「どうやって定着化を図るか」の2点が問題として浮上してきますが、この2点を解消するためには、常に「問い」を持ってインプットに臨むというのがカギになります。

人の好奇心には一種の臨界密度があります。好奇心というのは要するに質問をたくさん持っているということですが、質問というのは、わかっていないから生まれるのではなく、わかっているからこそ生まれるものです。

だから、学ぶことでわかっている領域の境界線が宇宙に向かって少しずつ広がっていくに従って、「未知の前線」もまた広がることになり、結果として質問の数はどんどん増えてくることになります。

「どうして、こうなっているんだろう？」「恐らく、こうなっているんじゃないか？」という問いを出発点にして、その問いに対する答えを得るためにインプットを行うと、インプットを楽しめるばかりでなく、効率も定着率も高まることで、結果的にストックも充実することになります。

万能の天才と言われたレオナルド・ダ・ヴィンチは、膨大な量のメモを残したことで知られています。多くのスケッチや考察が書かれているのですが、そのノートの中の一節に、こういう文章があります。

——食欲がないのに食べると健康を害すのと同じように、欲求を伴わない勉強はむしろ記憶を損なう。

レオナルド・ダ・ヴィンチ
(1452〜1519) 芸術家

あれほど多方面にわたって知的な業績を残した「知の怪物」が、勉強の最大のポイントとして「知的欲求＝知りたい、わかりたいと思う気持ち」を挙げているのです。

効率的な学びを継続するためにも、「問い」を持つことが重要だということはわかったとして、ではどうしたら「問い」を持てるのでしょうか？

まずは、日常生活の中で感じる素朴な疑問をメモする癖をつけるといいでしょう。私の場合、常に小型のモレスキンの手帳を持ち歩いていて、「ふっ」と疑問に思ったことを書きとめるようにしています。この「ふっ」は、いつやってくるかわからない。したがって、会社に行くときも旅に行くときも飲み会に行くときも、必ずこの手帳を持ち歩くようにしているので、忘れてしまうとものすごく不安になります。

手帳を持ち歩くのが億劫だという人であれば、スマートフォンのメモ機能を用いてもいいでしょう。私も自動車を運転しているときなどは、両手がふさがっているために、スマートフォンの音声メモ機能を使うことがあります。

一方で、手帳ではなくカードを使うという方もいます。たとえば文筆家で雑誌「暮しの手帖」の編集長だった松浦弥太郎氏は、小型のカードを常に持ち歩いていて、ふと不思議に思うことがあると、その疑問をカードにメモしているそうです。そのカードを広口のビンに入れておいて、時期がくるとまとめて見直してみて企画を考えたり、調べ物をされたりしているそうです。

手帳でもカードでも、使う道具はそれぞれの好みでいいと思いますが、大事なのは「ふっ」と思った疑問や違和感をしっかりと言葉にしたためる、その瞬間の気持ちをうまく掬《すく》い取れれば、それでいいということです。

しかし、実はこれがなかなか難しい。というのも、ほとんどの「問い」は白昼夢のように瞬間的に心に浮かんですぐに消えてしまうからです。多くの人は、心に浮かんだ「問い」をメモしなさいと言われても「問いなんて浮かんでこない」と思われるのではないでしょうか。

ですが、絶対にそんなことはありません。もしそう思うのであれば、それは「浮かんだ問い」をきちんと捕まえられていないからなのです。

最初は難しいと思うかもしれませんが、繰り返しやっているうちに「問いが浮かんだ瞬間」に対して自分で意識的になってきます。この「心に浮かんだ問い」をきちんと手で捉える能力というのは、知的戦闘力の根幹をなす能力になるので繰り返しやって鍛えてほしいと思います。

なぜメモが大事かというと、
メモが癖になると、
〝感じること〟も癖になるからだ。
人より秀でた存在になる不可欠な条件は、
人より余計に感じることである。

野村克也『ノムダス　勝者の資格』

# 自分らしい「問い」を持つ

メモを取る習慣のない人に「メモを取るように」というと、ことさらに構えて仕事や実生活にとって意味のある内容を書きとめなければ、と考えてしまうかもしれません。

でもそんなに構えることはありません。書きとめる内容は特にビジネスに関連するものに限りません。

たとえば、いま私の手元にあるモレスキンを開いてみると「イギリスはどうして良質なファンタジーを次々に生み出すのだろうか？」と殴り書きがしてあります。

これはロンドンオリンピックの開会式で「メアリー・ポピンズが子供たちを助けにやってくる」という場面を見ていて、ふと「そういえばピーター・パンも不思議の国のアリスも指輪物語もイギリスだし、最近でいえばハリー・ポッターもそうだな。こうやって並べてみると、大人の鑑賞にも堪えうるような良質なファンタジーはイギリス発のものばっかりだな。どうしてイギリスは継続的に良質なファンタジーを生み出すのだろう？」と思って書きとめたものです。

まったくビジネスに関係ありませんね。でもそれで構いません。ストックする「問い」はなんでもありなのです。

なぜかというと、すべての「問い」は、どこかでビジネスや人生における学びや気づきにつながることになるからです。

ビジネスには人間や世界のあらゆる側面が関係してきます。だから、どんな問いであっても、人間や世界をより深く理解するきっかけになるのであれば、それはどこかでビジネスへの示唆につながってきます。

その「問い」がシャープであればあるほどに、答えはなかなか見つからないものです。しかし、長い期間にわたって、そういった「問い」に向き合い続けていれば、やがてその「問い」に対する、答えやヒントに気づく瞬間に出会うはずです。

ちなみに「イギリスはなぜ良質なファンタジーを生み出し続けるのだろうか？」という問いに対する答えとして、私が仮説として考えたのは「あまりにも現実的であるがゆえの反作用なのではないか？」ということです。

これはあくまで仮説ですが、しかしこの仮説はやがて、組織開発のコンサルティングにおける私の基本認識である「なにか極端な傾向を持つ組織体は、逆の極端な傾向も背後に隠し持っていることが多い」という気づきにつながり、この気づきが多くのプロジェクトにおいて有効な示唆や洞察の源となりました。

ここで私の思考のプロセスを整理すれば、次のようになります。

**インプット** ロンドンオリンピックの開会式のメアリー・ポピンズのシーン

**抽象化①** 英国は良質なファンタジーを継続的に生み出す国

**抽象化②** ファンタジーによってリアリティーとのバランスが成立している

**抽象化③** 何か極端なものがある場合、背後には真逆の極端なものがある

**構造化①** たとえば中国における孔子的思想と、その真逆の韓非子的思想の両立

このように、元々はビジネスとはまったく関係のない気づきや疑問が、やがては組織や人間を理解するきっかけとなる仮説や着眼点につながることはよくあることです。「問い」を持つことで人間や世界に対する理解や関心が深まるとき、それは間違いなくビジネスに関連する「ものの見方」についても新しい刺激を与えてくれるはずです。

君自身が心から感じたことや、
しみじみと心を動かされたことを、
くれぐれも大切にしなくてはいけない。
それを忘れないようにして、
その意味をよく考えてゆくようにしたまえ。

吉野源三郎『君たちはどう生きるか』

第3章

# 知識を使える武器に変える

——本質を掴み生きた知恵に変換する

［抽象化・構造化］

## 知識を使いこなすための抽象化と構造化

独学によってインプットした知識を、仕事における成果につなげるためにやらなければならないこと。それは「抽象化」と「構造化」です。

特にリベラルアーツの読書で得られる「知識」は、ビジネス書で得られる知識とは違って、そのままビジネスの世界に活用することはできません。

ルネサンス期において生み出された傑作の多くは、行政組織ではなく、個人のパトロンがスポンサーになっていたケースが多いとか（美術史における知識）、蟻塚には一定程度遊んでいる蟻がいないと、緊急事態に対応できずに全滅するリスクが高まるとか（生物・生態学における知識）、ポリネシアやメラネシアにおいては、部族間での「贈与」が義務とされていて、贈与の連鎖によって部族間での交換が活発化していた（文化人類学における知識）といった知識は、それだけでビジネスの世界における洞察や示唆にはつながりません。

こういった知識を、ビジネスの世界における「生きた知恵」に転換するには「抽象化」が必要になります。

抽象化とは、細かい要素を捨ててしまってミソを抜き出すこと、「要するに○○だ」とまとめてしまうことです。モノゴトがどのように動いているか、その仕組み＝基本的なメカニズムを抜き出すことです。経済学ではこれを「モデル化する」と言います。

たとえば、この点について、私が知る限りもっとも端的にまとめているのが、社会科学の名著である小室直樹氏の『論理の方法』です。

> モデルとは本質的なものだけを強調して抜き出し、あとは棄て去る作業です。「抽象」と「捨象」と言います。

細かい要素は捨ててしまい、本質的なメカニズムだけを抽出する。これが抽象化です。

先ほどの例を用いて「抽象化」をしてみましょう。

**事実**

**ルネサンス期において生み出された傑作の多くは、行政組織ではなく、パトロンがスポ**

ンサーになっていたケースが多い

抽象化　歴史に残るような偉大な作品を作るには、合議よりも審美眼を持った単独者による意思決定が必要？

事実　蟻塚には一定程度遊んでいる蟻がいないと、緊急事態に対応できずに全滅するリスクが高まる

抽象化　平常時の業務量に対して、処理能力を最適化してしまうと、大きな環境変化が起こったときに対応できず、組織は滅亡してしまう？

事実　ポリネシアやメラネシアでは、部族間での「贈与」が義務とされており、贈与の連鎖によって部族間での交換が活発化していた

抽象化

## 近代貨幣経済の基盤となっている「等価交換」以外に、交換を促すもっと自然なやり方＝贈与があるのではないか？

お気づきの通り、すべての抽象化された示唆や洞察の最後には「?」が付くことになります。なぜ「?」が付くかというと、それが「仮説」であって「真実」ではないからです。もちろん、仮説の確かさのレベルには大きなバラツキがあって、ほとんど真説と言って構わないように思われる仮説もあるでしょう。しかし、「仮説」は「仮説」なのだということをしっかりと認識しておく必要があります。

抽象化がなぜ大事になるかというと、個別性が低下するからです。いろいろな状況に適用して考えることができるようになるわけです。ルネサンスの時期において観察された事象というのは、16世紀のフィレンツェという、固有の「時代と場所」を前提にした知識ということになります。そのとき、その場所においてはそうだった、ということですね。

これを抽象化するというのは、つまり「どんな場所、どんな時代」においても成立する命題、つまり数学でいう「公理」として書き換えるということです。

# 抽象化の思考プロセス

別の言い方をすれば、個別に学んだ事象から、人間や組織や社会の本性についての洞察を抽出するということです。

この「思考プロセス」について、私が知る限りもっとも明瞭なかたちで図式化しているのが、アルバート・アインシュタインです。図5を見てください。これはアインシュタインが、友人であるモーリス・ソロビーヌに宛てた手紙の中に記した、自身の思考プロセスを図式化したものです。実に美しいですね。

私たちは日常的にさまざまな経験をします。この「経験の束」が「E」という直線によって表されています。

アインシュタインによれば、私たちはこの「経験の束」から、直感的にある仮説を構築します。これが図中に表現されている公理系＝Aです。この公理系を演繹することで、さまざまな命

アルバート・アインシュタイン
(1879～1955) 理論物理学者

## 図５ アインシュタインが友人ソロビーヌ宛の手紙に書いた「自分の思考プロセス」の概念図

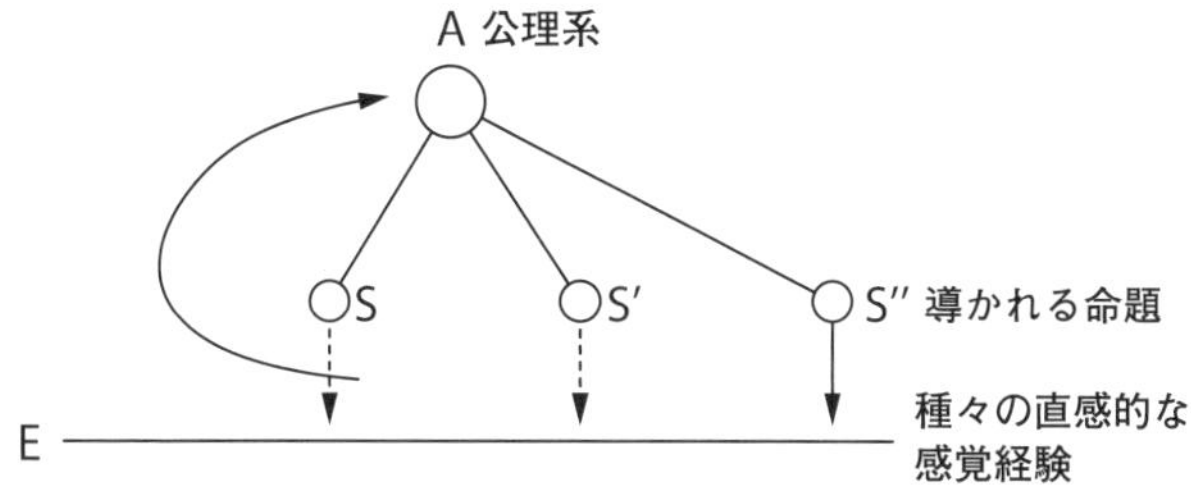


『NHKアインシュタイン・ロマン２ 考える＋翔ぶ！「相対性理論」創造のプロセス』
NHKアインシュタイン・プロジェクト編（日本放送出版協会）

題が導き出されることになり、これらの命題は、私たちの過去の「経験の束」と照らし合わされることで、その「確かさ」が検証され、結果が経験的事実と符合すれば、この公理系は説明力を持ったものとして生き残ることになります。

さて、この思考プロセスを、独学のシステムと照らし合わせて考えてみるとどのようなことが言えるでしょうか？

ここでアインシュタインが指摘している直線Eは、私たちが独学によって間接的に得た「経験の束」と考えることができます。そして、この「経験の束」から、仮説的にある公理系が設定されます。

この知的推論のプロセスは、アインシュ

タイン自身がそのように言っているわけではないのですが、いわゆる仮説形成＝アブダクションと呼ばれる推論アプローチです。19世紀に活躍した米国の哲学者であるチャールズ・サンダース・パースは、この仮説形成を、演繹＝ディダクション、帰納＝インダクションに続く、三つ目の推論方法としてアブダクションと名付けました。

で、話を元に戻せば、独学のシステムにおける「抽象化と構造化」のうち、公理系を導く部分が「抽象化」に、公理系からさまざまな命題を演繹する部分が「構造化」に該当します。

私たちは独学のインプットにより、多くの知識を獲得します。この知識は、図5に描かれたアインシュタインのチャートでは「感覚経験」に該当します。知識と感覚経験を同列のものと考えるというのは、哲学を学んだことのない人には少しイメージしにくいかもしれません。

わかりやすく言えば、本を通じて得た知識もまた、本を読むという感覚経験を通じて得られた知識ですから、これを同列のものと考えるということです。私たちの知識はすべて、自分の実体験によるかよらないかにかかわらず、なんらかの知覚を通じて獲得されています。

さて、獲得された知識をただ単にそのままにしておくのでは、それは「経験の束」に過ぎません。先述した通り、個別の経験には個別の文脈があります。

たとえば、蟻塚において観察された事象に関する知識は、蟻塚においてそのような事象が成立していた、ということでしかありません。この知識を自分の武器にするためには、他の場面・状況においても成立するような普遍性のある命題、つまりアインシュタインの図に示されている「公理系」にまで抽象化する必要があります。

たとえば蟻塚の例を挙げれば、「働き蟻ばかりの蟻塚よりも、多少サボり蟻が交ざっている蟻塚の方が生存確率が高い」というのが、蟻塚において固有に観察された事象であるとき、これを抽象化すれば、「ある生産システム＝Ａを想定したとき、このシステムの生存確率の最大値は、稼働率１００％のところより低いところにある」という仮説Ｂが得られます。

そしてこの仮説を、たとえばホワイトカラーの組織においては成り立つか？　個人の仕事においては成り立つか？　他の生物のコロニーにおいても成り立つか？　を検討し、それらにおいて成り立つということであれば、この仮説Ｂは一定の確かさを持つことになります。

そしてこの仮説Ｂの持ち主は、たとえば組織設計の際、あるいはプロジェクトチーム組成の際、あるいは個人的な勉強スケジュールの立案の際、この仮説Ｂに基づいて稼働率に若干余裕を持たせた組織を、あるいはチームを、あるいはスケジュールを組むでしょう。

これが独学によって得た知識を「抽象化・構造化」し、自分の意思決定に反映させる、ということです。

先ほど、メモを取ることの重要性を説明した際に、ロンドンオリンピックの開会式から、イギリスはなぜ良質なファンタジーを生み出すのかという疑問につながり、それが「現実的であることとのバランスを取るため」という仮説の定理が生み出された、ということを述べましたが、この思考プロセスも同様の枠組みで整理することができます。

つまり、イギリスが良質なファンタジーを生み出し続ける一方で、極めて世知辛い現実的な側面があることを経験的に理解していることは、経験の束＝Eに該当します。

一つの国の文化が極めてファンタジックである一方で、非常にリアリスティックでもあるという、この矛盾した情報から、「何か極端なものがあるとき、その背後には逆側に極端なものがある」という仮説は、アブダクションによって推定される公理系ということになります。この公理系を生み出すプロセスが「抽象化」に該当します。

そして、この公理、つまり「何か極端なものがあるとき、その背後には逆側に極端なものがある」という仮説は、たとえば心理学における「憎悪と愛情は表裏一体のものだ」という考え方、いわゆる「転移」という概念や、中国の歴史における儒学とマキャベリズムの両立という経緯と結びつくことで、公理としての一定の確かさが確認されます。

この、他分野と紐づけることで公理としての普遍性（公理ですから普遍性があるのは当たり前なのですが）を確かめること、あるいは他分野に援用して考えるところが「構造化」に該当します。

そもそも「知的戦闘力が上がる」というのは、どういうことなのでしょうか？　一言でいえば「意思決定の質が上がる」ということです。優れた意思決定は優れた行動に直結し、優れた行動は優れた結果をもたらします。

本書で再三にわたって指摘している「知的戦闘力の向上」という目的は、取りも直さず、ある局面において同じ量の情報を与えられた他者と比較して、より良い意思決定ができるということにほかならない、ということです。

したがって、独学によって得られた知識を、「知的戦闘力の向上」につなげられるかどうかは、ある局面における意思決定に関して、有意義な示唆や洞察をこれまでの独学によって得られた知識から引き出すことができるかどうかにかかっています。

ところが、ここに問題がある。

というのも、私たちが向き合う問題には、ある固有の文脈があると同時に、私たちが独学によって得る知識もまた、ある固有の文脈において成立した事象である、ということです。

固有の文脈が前提になった知識を、固有の文脈に当てはめても意味がありません。だからこそ、学んだ知識を抽象化し、その知識を文脈から切り離しても成立する「公理系」に仕立てる必要があるわけです。

抽象能力は、人間の能力の中でもとりわけ高度で、
非常に多くのイノベーションを生み出す核となる能力です。
また、コンピュータで代替することは
不可能だろうと考えられている能力です。
なぜコンピュータには代替が不可能かというと、
「抽象」という活動には、
枠組み（フレーム）が与えられていないからです。

新井紀子『コンピュータが仕事を奪う』

# 「専門バカ」になるか「ルネサンス人」になるか

知識の抽象化はまた「専門バカ」に陥る愚を避け、領域を横断する「ルネサンス人」になれるかどうかという点にも関わってきます。

皆さんの周りにもいませんか？　ある領域については驚くほど深い「知識」を有しているのに、その知識が他分野での「知恵」につながっていないように思える人です。

このような人の特徴は、覚えた知識を抽象化せず、そのまま丸覚えしているという点です。抽象化していないために、他の場面への応用がきかない。すべて覚えている知識の通りに状況のお膳立てが整わないと、覚えている「知識」をその局面を打開するための「知恵」に昇華できないのです。

本当の知性というのはそのようなものであってはなりません。知性とはもっとしなやかなものであるべきでしょう。

専門家というのは、過去の蓄積をたくさんやっている人です。一方で私たちは、非常に変化の激しい時代に生きています。つまり、常に「未曾有の事態」に向き合っているわけです。そのような時代において、過去の蓄積に通暁している人に対して、大きく依存することのリスクは少なくありません。

昨今の日本ではますます「専門バカ」が横行する傾向がありますが、これは日本におけるイノベーションの停滞に大きく関与しています。アップルがiPhoneを引っさげて携帯電話産業に殴り込みをかけたのは2007年、つまりいまからたった10年ほど前のことなのです。このとき、携帯電話で長らく事業をやってきた専門家の人々は、携帯電話の素人であるアップルに、市場の半分近くのシェアを一気に奪われてしまったわけです。

## 「抽象化」は場数を踏むしかない

学んだ知識をそのままストックしていたのでは、その知識を活用できる機会はそれほどありません。蟻塚の稼働率と生存確率に関する知識は、なんらかの事情によって私たちが蟻塚の生存確率を高めなければならないという状況に陥ったときにしか役に立ちません。

しかし、この蟻塚に関する知識を、稼働率と生産性の関数として捉え、生産性が最大値となる稼働率の値は、100よりも低い数値だということを整理しておけば、これを社会や組織や個人に当てはめて考察し、示唆を得ることが可能となります。

別の言い方をすれば、抽象化することで初めてアナロジーとして用いることができるということでもあります。自然科学の世界では、ある分野で発見された公理や定理が、別の領域に用いられることで大きな発見につながったことが少なからずあります。

典型例が物理学で、たとえばマクスウェルは電磁気学の研究において流体力学からの類推を用いてマクスウェル方程式を導いていますし、量子力学の創成期（前期量子論）においては、ボーアが惑星の運動からの類推に量子条件を加えることで、原子構造を説明しています。これらのアナロジーは、元となるアイデアの抽象度が、他分野に適用できる程度に高かったために可能だったわけで、重要なのはやはり抽象化だということになります。

さて、ではここで「どうやったら上手に抽象化ができるのか」という論点が浮上することになるわけですが、これがなかなか悩ましい。

というのも、学んだ個別具体的な知識を抽象化するに当たって、「こうすればうまくいく」という、技術的・論理的な手続きがあるわけではないんですね。ものすごくぶっちゃけた言い方をすれば、抽象化というのは「ふわっ」とひらめくものだということです。

この点について、先ほど紹介したアインシュタインの手紙では、次のように記されています。

Aは公理系であり、我々がそれから結論を引き出すものである。心理学的にはAはE（私注：感覚経験）に依存している。しかし我々をEからAに導く論理的経路は存在しない。そこにはただ直感的（心理的）なつながりがあるだけであり、それも、いつも単に〝おって知らせがあるまで〟のつながりである。

---

アインシュタインの知的スパークは、もちろん、この「公理系＝A」を大胆に仮想する力にあるわけですが、ではこれをどのようにして形成しているのかというと、友人であるソロビーヌに対して「直感的」に「おって知らせがある」と言っているわけです。身もふたもない言い方をすれば、要するに「ひらめくときにひらめく」ということです。

さすがにそれではアドバイスにならないので、私から「抽象化」の力を高めるためのコツをここで一つ紹介しておきたいと思います。それは、とにかく場数を踏むということです。

本書ではこの先、独学によって学んだ知識を、どのようにしてストックしておくかという点についても説明していきますが、このストックの際に、常に「学んだ知識」と「抽象化によって得られた仮説」をセットにしてストックすることを心がけるということです。具体的には、次の質問について、自分なりの答えを書いてみることをお勧めします。

**①得られた知識は何か？**

**②その知識の何が面白いのか？**

**③その知識を他の分野に当てはめるとしたら、どのような示唆や洞察があるか？**

これを何度も繰り返しているうちに、個別具体的な情報に接した際に、それを同時に抽象化するという、一種の「頭の使い方のクセ」が身についてきますので、倦《う》まず弛《たゆ》まず、場数を踏むことを心がけてもらえればと思います。

されば才のともしきや、学ぶ事の晩《おそ》きや、暇《いとま》のなきやによりて、思ひくづをれて、止《やむ》ることなかれ。とてもかくても、つとめだにすれば、出来るものと心得べし。

本居宣長『うひ山ふみ』

# 第4章

# 創造性を高める知的生産システム

## ——知的ストックの貯蔵法・活用法

［ストック］

# イケスに「情報」という魚を生きたまま泳がせる

いかに大量かつ良質の情報をインプットしたとしても、それらのインプットを知的生産の文脈に合わせて自由に活用できなければ意味がありません。

ここでは、インプットされた情報をいかに効率的にストックし、自由自在に活用するかという論点について私のノウハウを述べたいと思います。

まず、最大のポイントは、記憶に頼らないという心構えを持つということです。「インプットした情報をストックする」と聞けば、多くの人は「インプットされた情報を脳内に記憶する」ことをイメージするでしょう。

しかし、これは大きな勘違いです。私たちのほとんどはごく普通の記憶力しかありませんから、脳内の記憶だけに頼って知的生産を行うとアウトプットはとても貧弱なものになってしまいます。

もちろん歴史を振り返ってみれば、たとえばトマス・アクィナスや南方熊楠《みなかたくまぐす》のような「知の巨人」は、図書館を丸ごと記憶していたのではないかというほどの博覧強記で知られていて、その頭《ず》抜けた知的生産の量と質が、莫大な「脳内の知的ストック」によって支えられていたことは否定できません。

現代に目を転じても、たとえば立花隆氏や佐藤優氏の博覧強記ぶりはつとに知られ、やはり脳内記憶が知的生産を底支えしているという印象が強くあります。

しかし、こういった知的生産のスタイルを、通常のビジネスパーソンが目指すことは現実的ではないと思います。

私たちは目の前の仕事をこなすことで忙殺されており、巨大な脳内記憶を作ることを目指そうとすれば、元々の目的である日常的な知的生産のための時間を侵食しかねません。

本書ではすでに「教養はあるけど仕事はできない」人を目指してはいけない、という指摘をしていますが、巨大な脳内記憶の形成を目指そうとすると、この落とし穴に落ちる可能性が高い。私たちビジネスパーソンにとって、知的ストックの形成は知的生産性を高めるための手段でしかありません。

さて、記憶に頼らずにどうやって知的ストックを扱うかという問題について、情報を「魚」、世界を「海」と捉えるメタファーを用いて考えてみましょう。

さまざまなメディアを通じて情報をインプットし、それを脳内に記憶させようというのは、いわば世界から釣り上げた情報という魚を、脳という小さな冷蔵庫にしまい込んでしまうのと同じことです。

確かに手軽で使い勝手はいいでしょう。しかし、冷蔵庫に貯蔵できる材料は種類も量も限られており、必然的に調理できる知的生産物には広がりも驚きも生まれません。脳内ストックに知的生産の材料を頼ってしまうと、文脈に応じて柔軟な知的生産を行うことは難しいでしょう。

では、釣った魚は冷蔵庫にしまわず、キャッチ&リリースで海に返せばいいのか？ いや、それも非効率でしょう。せっかく釣り上げた情報という魚をリリースしてしまうことは、要するに完全に忘却してしまうということですから、いつまでたっても知的ストックは積み上がらず、当たり前ですが知的戦闘力も向上しません。

つまりインプットされた情報は、世界という海に返しても、脳内という冷蔵庫にしまっても、うまくいかないということです。

そこで私が提唱したいのが、イケスをつくってそこで情報という魚を放す、というアプローチです。先述した通り、いま世界中の海を泳いでいる魚＝情報に私たちは比較的自由にアクセスできるようになっています。

このような世界において、わざわざキャパシティの小さい自宅の冷蔵庫、つまり脳内に魚をしまっておくのは、料理のレパートリーを狭めるだけでデメリットの方が大きい。であれば、世界という海から必要に応じて最適な魚＝情報を拾い上げ、それを海の中につくったバーチャルなイケスの中に生きたまま泳がせておき、状況に応じて調達する方が合理的だということです。

必要な情報はイケスの中にいるわけですから、詳細まで全部記憶する必要はありません。関連するキーワードやコンセプトをイケスに紐づけておき、必要に応じてそのイケスから検索できればそれで十分ということです。デジタルとアナログという違いはあるものの、これは知的生産に関する名著『知的生産の技術』において梅棹忠夫氏が提唱した方法とまったく同じです。

以上が、独学のシステムにおける知的ストックの役割ということになります。

次節では、さらに知的ストックを構築することで、どのようにして知的戦闘力が高まるかについて、別のポイントから考察してみたいと思います。

『知的生産の技術』
梅棹忠夫（岩波新書）

# ストックが厚くなると洞察力が上がる

本書の目的である「知的戦闘力の向上」という側面に照らして、知的ストックの構築はどのような貢献をもたらしてくれるのでしょうか？

一点目に指摘したいのが、知的ストックが厚くなることで洞察のスピードと精度が高まるという点です。洞察力とはつまり、「目に見えない現象の背後で何が起きているのか？」「この後、どのようなことが起こりうるのか？」という二つの問いに対して答えを出す力のことです。

このとき、過去の類似事例において、どのようなことが背後で起きていたのか、あるいはその後で何が起きたのかを知っていれば、洞察力が高まることは容易に想像できるでしょう。

私の専門の領域である組織論に関して、過去の事例が現在の問題を考えるにあたって良いヒントとなった事例を一つ挙げてみましょう。

あるクライアント企業において、事業部のトップがコンプライアンス違反をおかし、大きな社会問題を引き起こしたことがあります。このとき、再発防止のための仕組みの構築を依頼された私は、当初、さまざまな組織論やガバナンス論に関するレポートや書籍を見直してみたのですが、どれも表面的な内容で、経営学全般に通暁しているクライアントの社長に対して、フィーに見合うだけの知的付加価値を出せるとはとても思えませんでした。

そこで私は作戦を変更し、過去の長い歴史を振り返ったとき、人類が「権力者の暴走をいかにして防止するか」という論点についてどのような取り組みをしてきたかを振り返り、そこから示唆を得ることにしました。

表面的な手続きやルールではなく、骨太な「思想」によって、再発防止策の「あり方の方向性」を探り、社長との議論を通じて施策を具体化するというアプローチを採用したわけです。

具体的なアドバイスの内容は守秘義務に抵触するのでここでは踏み込みませんが、平たい言い方をすれば、組織の中に必ずカウンターバランスを持ち、常に摩擦が起きるようにするといいでしょう、というのがここでのアドバイスでした。

過去の歴史を振り返ると、長く続いた組織やシステムには必ずカウンターバランスが働いていたことがわかります。たとえば中国では早くから異常に官僚制度が発達しました。皆さんもよくご存知の官僚登用のための試験である科挙は、6世紀後半から20世紀初頭まで、何度かの中断を挟みながらも1300年以上にわたって継続して実施されています。

一方で、この官僚制度に対してカウンターバランスとなったのが宦官でした。宦官の歴史はさらに古く、恐らく紀元前8世紀頃から科挙と同じく20世紀初頭まで、なんと3000年近くも続いています。この科挙と宦官という二つのシステムは、王朝の誕生と滅亡を何度も乗り越えて並列して存在し続け、寄せては返す波のようにパワーバランスを微妙に保っていたのです。

同様の構図は、たとえば中世ヨーロッパにおける教皇と皇帝の関係に、あるいは我が国における天皇と征夷大将軍の関係にも見ることができます。一方で、短期間に滅亡してしまったシステムにはそうしたカウンターバランスが働かなかったケースが多い。典型例がヒトラーやスターリンがそうです。

権力者の暴走を防ぐにはカウンターバランスが必要だという洞察を、論理思考の能力だけに頼ってゼロベースで生み出すことは、不可能とは言わないまでも非常に難しい。こういった洞察は、過去の歴史における権力者牽制のさまざまな事例という「知的ストック」があって初めて得られます。この点、つまり目の前の現実的な問題を考察する際の助けとなる洞察を与えてくれる、というのが知的ストックの大きな効用の一つだと言えます。

## 知的ストックで常識を相対化する

次に指摘したいのが、厚いストックを持つことで、目の前の常識を相対化できるという点です。

一般に、常識とは絶対的なものだと考えられています。誰にとっても疑いようがないからこそ常識になっているわけで、人それぞれですよねということになれば、それはそもそも常識ではないことになります。この「絶対的で動かしがたい常識」を、厚い知的ストックを持つことで相対化できます。

わかりやすい例として「終身雇用」と「年功序列」の問題を取り上げましょう。日本には、この二つの人事慣行が日本的な伝統に根付いた一種の民族的な慣習であると考えている人が少なくありませんが、これはありがちな勘違いで大きく事実と異なっています。

まず「終身雇用」という言葉は、私の古巣でもあるボストン・コンサルティング・グループの初代東京事務所代表であったジェームズ・アベグレンが1958年に出版した著書『日本の経営』の中で初めて用いた言葉で、いわば「新造語」です。

アベグレンは、この他にも日本企業の特徴として「企業別組合」と「年功序列」を挙げています。つまり、日本の伝統的な人事慣行でもなんでもなく、二桁の経済成長が10年以上も続くという「歴史的に見て例外的に特殊な時期」において限定的に採用されていた人事慣行に過ぎません。

実際に、明治から大正にかけての労働統計を確認してみれば、勤続年数が10年を超える事務労働者は全体の数パーセントに過ぎず、多くの人は数年で職場が変わる状況だったことがすぐにわかります。つまり、年功序列や終身雇用というのは、日本の伝統的な人事慣行でもなんでもないということです。

こういった勘違いや錯誤は「目の前のことしか知らない」という知的ストックの貧弱さに起因しています。知的ストックを厚くし、知識の時間軸と空間軸を広げることで、目の前の常識が「いま、ここ」だけのものでしかない、という相対化ができるのです。

では常識を相対化できると何がいいのでしょうか？　一言でいえば、イノベーションにつながるのです。イノベーションというのは、常に「これまで当たり前だったことが当たり前でなくなる」という側面を含んでいます。これまで当たり前だったこと、つまり常識が疑われることで初めてイノベーションは生み出されます。

ハーバード・ビジネス・スクールのクレイトン・クリステンセンは、著書『イノベーションのＤＮＡ』の中で、イノベーターに共通する特徴として、誰もが当たり前だと思っていることについて「Ｗｈｙ？」を投げかけることができる、という点を挙げています。

確かに、数多くのイノベーションを主導したアップルの創業者スティーブ・ジョブズは、いつもこの「Ｗｈｙ？」という疑問を周囲のスタッフに投げかけていたことで知られています。イノベーションというのは常に、これまでの常識を相対化し、疑うところから生まれています。

一方、すべての「当たり前」を疑っていたら日常生活は成り立ちません。どうして朝になると自然に目が覚めるのだろう、どうして人間は昼間に働き、夜に休むようになったのだろう……いちいちこんなことを考えていたら哲学者にはなれるかもしれませんが、日常生活は破綻してしまうでしょう。

ここに、よく言われる「常識を疑え」という陳腐なメッセージのアサハカさがあります。イノベーションに関する論考によく見られる「常識を捨てろ」とか「常識を疑え」とかといった安易な指摘には「なぜ世の中に常

『イノベーションのDNA』
クレイトン・クリステンセン他
（翔泳社）

識というものが生まれ、それが根強く動かし難いものになっているのか」という論点についての洞察がまったく欠けています。

「常識を疑う」という行為には実はとてもコストがかかるのです。一方で、イノベーションを駆動するには「常識への疑問」がどうしても必要になり、ここにパラドクスが生まれます。

結論からいえば、このパラドクスを解くカギは一つしかありません。重要なのは、よく言われるような「常識を疑う」という態度を身につけることではなく、「見送っていい常識」と「疑うべき常識」を見極める選球眼を持つということです。そしてこの選球眼を与えてくれるのがまさに「厚いストック」なのです。

「厚いストック」と目の前の世界を比べてみて、普遍性がより低い常識、つまり「いま、ここだけでの常識」を浮き上がらせる。スティーブ・ジョブズは、カリグラフィーの美しさを知っていたからこそ「なぜ、コンピューターフォントはこんなにも醜いのか？」という問いを持つことができました。チェ・ゲバラはプラトンが示す理想国家を知っていたからこそ「なぜキューバの状況はこんなにも悲惨なのか」という問いを持つことができたのです。

目の前の世界を、「そういうものだ」と受け止めてあきらめるのではなく、比較相対化してみる。そうすることで浮かび上がってくる「普遍性のなさ」にこそ疑うべき常識があり、厚いストックがそれを映し出すレンズとして働いてくれるということです。

## ストック次第で創造性は1000倍になる

厚い知的ストックを持つことで創造性も向上します。一般に、創造性は生まれつきのものであって後天的に高めることはできないと考えられがちですが、ある程度は後天的に高められることが脳科学や学習心理学における研究からわかっています。[*4]

創造性を高めるための有効な手段の一つとして、多くの人が指摘しているのがアナロジーの活用です。アナロジーとは、異なる分野からアイデアを借用するという考え方で、わかりやすくいえば「パクリ」です。

アナロジーの活用による成功事例として、恐らくビジネスの世界でもっとも有名な事例が格安航空会社のサウスウェスト航空でしょう。サウスウェスト航空は、航空機の整備時間を短縮するための抜本的なアイデアを得るため、カーレースのインディ500のピット

＊4　Howard E. Gardner, "Art, Mind, And Brain: A Cognitive Approach To Creativity", Basic Books, 1984.

ワークを詳細に観察しています。そして「専用工具の活用」や「事前の段取り」がカギだということを学んで、それまで45分かかっていた整備時間を15分まで短縮することに成功しています。

あるいは、私たちにもなじみ深いアナロジーの事例に回転寿司があります。回転寿司のアイデアの元ネタになったのは工場のベルトコンベアでした。ある日、寿司屋の主人が取引先のビール会社の工場を見学しました。そこでベルトコンベアに乗って次々とビールが流れてくるのを見た主人は、寿司屋のカウンターにベルトコンベアを仕込んで、そこに寿司を流せば、寿司職人の数を増やさずに店のサイズを大きくできる、ということに気づいたのです。

このように、アナロジーというのは、一見すると直接的な関係はなさそうな分野の知見を組み合わせることで、新しいアイデアを得るという考え方です。

故スティーブ・ジョブズは、このアプローチについて端的に次のように指摘しています。

---

創造性とは「なにかをつなげること」なんだ。クリエイティブな人に対して、どうやって創造したのかを尋ねたら、彼らはちょっとバツがわるいんじゃないかな。なぜなら、実際になにかを作り出すなんてことはしていないから。彼らはただ自分の経験から得ら

**れた知見をつなぎ合わせて、それを新しいモノゴトに統合させるんだ。**

「wired」1995.2 記事より

ジョブズは、創造というものが「新しい何かを生み出すこと」ではなく、「新しい組み合わせを作ること」でしかないと指摘しています。実は、高いレベルの創造性を発揮した人物の多くが同様の指摘をしています。

たとえば、私が電通に入社した、まさにその初日に必読の書籍として配布されたジェームズ・W・ヤングの『アイデアのつくり方』にも同様の指摘がされています。ヤングは、この本で二つの原理を提示しています。

一つ目は、「アイデアとは既存の要素の新しい組み合わせ以外の何ものでもない」ということ。そして二つ目が「新しい組み合わせを作り出す才能は、事物の関連性を見つけ出す才能に依存する」というものです。ヤングもジョブズも結局のところ、新しいアイデアというのは既存のものを組み合わせることでしか生み出せない、と言っているわけです。

さて、ここで重要になってくるのが、「組み合わせる情

『アイデアのつくり方』
ジェームス・W・ヤング
(CCC メディアハウス)

報」の数です。モデルを単純化して考えてみましょう。

ジョブズの指摘通り、すべてのアイデアは、異なる二つの要素の組み合わせによって生まれると仮定した場合、10個の知識を持っている人と100個の知識を持っている人では、組み合わせによって得られるアイデアの数はそれぞれ45個と4950個となります。

つまり、知識の量が10倍になると、その知識の組み合わせによって生み出せるアイデアの数は100倍以上になります。もしこの前提を、三つの知識の組み合わせによってアイデアが生まれるとすれば、生み出せるアイデアの数はそれぞれ120と16万1700となり、差は1000倍以上となります。

もちろん、組み合わせのほとんどは箸にも棒にもかからないアイデアになるでしょう。しかし、それでいいのです。なぜかというと、アイデアの質はアイデアの量に依存するからです。量が質に転化する、これがアイデアの面白いところです。

過去の創造性に関する研究の多くが、アイデアの質にもっとも大きな影響を与えるのは、アイデアの量だということを明らかにしています。確かに、過去の偉大な芸術家や発明家は「質」だけでなく「量」においても図抜けた実績を残しています。

ピカソは2万点の作品を残し、アインシュタインは240本の論文を書き、バッハは毎週カンタータを作曲して、エジソンは1000件以上の特許を申請しました。面白いのは、彼らの残した知的生産のすべてが必ずしも傑作だというわけではない、という点でしょう。

たとえば今日演奏されるモーツァルトやバッハ、ベートーベンの曲は全体の3分の1に過ぎませんし、アインシュタインの論文のほとんどは誰からも参照文献として引用されていません。

UCデービスの心理学者、ディーン・サイモントンは『Origins of Genius』(＝天才の起源／未邦訳)という本の中で、「イノベーターは成功したから多く生み出したのではなく、多く生み出したから成功したのだ」と指摘しています。[*5]

サイモントンによれば、科学者の論文には量と質の相関関係が存在するようです。たとえば、ある科学者のもっともすぐれた論文の引用回数は、その科学者が残した論文の数に比例します。また、サイモントンは同時に、科学者が生涯で最高の仕事をしている時期は、もっとも多くの論文を書いている時期であり、そしてもっとも「ダメな論文」が生まれる時期であることも指摘しています。

これらの指摘は要するに、アイデアの質はアイデアの量に依存する、ということを示しています。

さまざまな分野における人間の能力について「個人差のバラツキ」を考察してみると、

＊5　Dean Simonton, Origins of Genius, Oxford University Press, 1999

身体的な能力にはそれほど大きな差がないことに気づきます。たとえば２０１７年10月現在、１００メートル走の世界記録は９・58秒となっています。

一方で、日本の高校生の平均は14秒前後ですから、その差はせいぜい１・５倍程度でしかなく、大した違いはありません。これは他の競技も同様で、たとえばマラソンの世界記録は２時間強ですが、倍の４時間というタイムはアマチュアランナーとしては標準的なタイムですし、走り高跳びの２メートル45センチという高さも、その半分であれば多くの人が跳べるでしょう。

要するに、身体能力というのは世界トップクラスのアスリートと常人とのあいだでも、せいぜい１・５〜２倍程度の差しかないということです。

一方で、アイデアを生み出す力は前述した通り、ストックの厚みによって簡単に１００倍、１０００倍という開きがついてしまいます。肉体的な能力が、どんなに鍛えたとしてもせいぜい一般人の２倍程度の能力までしか高められないのに対して、創造性というのは鍛えれば常人の１００倍、１０００倍といった開きがつく可能性があるということです。

# イケスに入れる情報＝魚を選り抜く

イケス的ストックを効率的に構築するためには、まず何よりもイケスに囲い込んでおく魚の選り抜きが必要になります。興味深い情報、感銘を受けた逸話など、「オッ」と思うような情報に接したら、とにかくその情報を採集しておきましょう。

本書では何度か文化人類学の手法を知的生産に用いるアイデアを紹介していますが、この採集の局面もやはりフィールドワーク的な感性が重要になってきます。自分の驚きや違和感にセンシティブになり、目の前を「おいしそうな魚」が過ぎ去っていくのに気づかないようにしたいものです。

イケスに入れる情報の種類は多岐にわたります。人から聞いた話、街中での観察による気づき、本から得られた洞察など、質にも量にもさまざまなバリエーションがありますが、ここでは多くのビジネスパーソンにとって中心的な情報ソースとなる書籍について、私なりの選り抜きのノウハウを紹介したいと思います。

私なりのノウハウと書くと、さもなにか特別なことをやっているのかと思われるかもしれませんが、そんなことはありません。これから私が紹介するアプローチは、すでに多くの方が実践し、その有効性が確認されています。

まず、本を読んでいて、気になるところがあれば必ずアンダーラインを引きます。本を汚すのが嫌だという人がいますが、アンダーラインを引くという行為を抜きにしたら、イケスの構築は絶対にできません。

絶対に嫌だというのであれば、アンダーラインを引く本とは別に、保存用の奇麗な本を購入してくださいと言うしかありません。アンダーラインを引く、いわば本を「汚く読む」ことは、イケス構築の最初のステップで、ここを外すと先に進めません。

ちなみに、キンドルなどの電子書籍では「ハイライト」という機能があり、紙の本にアンダーラインを引くように、任意の箇所にハイライトをつけることができます。このハイライトはあとでまとめて編集することができるのでとても便利な機能なのですが、この点については後ほど詳しく触れることにして、ここではまず基本形として、紙の本におけるアンダーラインを前提として話を進めます。

## アンダーラインは「事実」「示唆」「行動」に引く

さて、アンダーラインを引くのはいいとして、どういう箇所に引けばいいのでしょうか？

基本的には「直感的に面白いと思った箇所」がその対象なのですが、もう少し噛み砕いて指摘すれば、次の三つがアンダーラインを引くべき箇所になります。

**①後で参照することになりそうな興味深い「事実」**
**②興味深い事実から得られる「洞察」や「示唆」**
**③洞察や示唆から得られる「行動」の指針**

ここでポイントになるのが、自分がいいと思った情報、共感したり納得できる情報だけでなく、共感できない情報、反感を覚える情報にもアンダーラインを引いておく、ということです。

なぜだと思いますか？　共感できない、反感を覚えるということは、その情報が自分の価値観や思考を映し出す反射鏡になるからです。

本書ではすでに「心地良いインプットばかりしてはいけない」ということは指摘しました。「心地良い」ということは、自分の価値観や世界観を肯定してくれているということですが、肯定ばかりしていたのでは知的戦闘力は高まりません。

筋肉と同じように、脳もまた知的格闘を通じてその戦闘力を高めるわけですから、自分の価値観や世界観とは異なる情報、つまり「不愉快な情報」にもまた、自分自身を理解する機会があると考えるべきです。

## 本を「ノート」だと考えてみる

読書家で知られる松岡正剛氏は「本はすでにテキストが入ったノートである」と指摘していますが、これは本当に名言だと思います。

## 図6 アンダーラインを引く３箇所

『反脆弱性』に引いた
アンダーラインの例

『反脆弱性』
ナシーム・ニコラス・タレブ
（ダイヤモンド社）

**①事実**　後で参照することになりそうな
興味深い「事実」

（例）「薬理学者の造語である『ホルミシス』とは、少量の有害物質が生物にとって薬の役割を果たし、効能をもたらす現象を指す。本来なら有害な物質であっても、ほんのちょっとの量であれば、生物に何らかの過剰反応を引き起こすことで、生体にプラスの作用を及ぼし、健康全体を促進するわけだ。（P.71）」

**②示唆**　興味深い事実から得られる
「洞察」や「示唆」

（例）「システムから貴重なストレスを取り除くのは、よいこととは限らない。むしろ害になることだってあるのだ。（P.73）」

**③行動**　洞察や示唆から得られる
「行動」の指針

（例）「イノベーションを起こすには？　まず、自分からトラブルに足を突っ込むことだ。といっても、致命的ではない程度の深刻なトラブルに。（P.78-79）」

ノートを買ってきて白紙のままにしているという人はいませんね。ノートを買うというのは、そもそもそこに何らかの書き込みをすることを前提にしています。書き込むことで初めて意味が出てくる。松岡氏は、本もまたそのようなものだと指摘しているわけです。私はさらにこの考えを押し進めて、本というのは買ってきた時点では未完成な作品であり、読者と著者との対話を通じて、さまざまな書き込みがされることで作品として完成すると考えています。

本にポストイットを貼ったり、書き込みをしたりすることは、もちろん汚れるわけですが、むしろ「どれだけ美しく汚せるか」を考えてみる。本を素材にして、自分の生きた証の芸術作品としてどう残せるかを考えてみるということです。

## 転記を「9箇所」に制限して選り抜く

アンダーラインを引きつつ1冊の本を読了したら、アンダーラインを引いた箇所のうち、どこをイケスに放り込むかを選別します。

ここでポイントになるのが、優先順位付けによる選抜です。私の場合、アンダーラインの箇所がどんなに多かったとしても、イケスに放り込むのは基本的に5箇所、どんなに多くても9箇所までとしています。５とか９とかという数字にあまり意味はなくて、５箇所くらいであれば、せいぜい10分程度で転記が終了するからということです。

なぜかというと、あまりに多いと、アンダーラインを書き写す作業そのものに嫌気がさしてしまうからです。

世の中には知的生産にまつわる書籍が数多く出ていますが、論者によって大きく分かれるのがこの点です。つまり、アンダーラインを引いた箇所を必ずノートやデジタルデータとして転記するべきだと主張するグループと、アンダーラインを引いたら転記などはせず、そのまま本棚に戻せと主張するグループで、意見が真っ二つに分かれています。

後者がそう主張する理由は「転記はあまりにも面倒であり、費用対効果に見合わない」というもので、私自身もまったくその通りだと思います。ほとんどのアンダーラインは転記の労力に見合いません。しかし、だからといってアンダーラインを引いたままに本棚に戻してしまえば、結局は脳内の記憶を頼りに魚を探し出すしかなく、知的ストックは脳の記憶容量に限定されてしまうことになります。

結論としては、労力を最小限としながらも、転記によってイケスをつくっていくというのが私自身の落としどころで、だからこそ、転記に見合う価値があるのかという見極めが重要であり、したがって上限を9箇所と設定しています。

転記の箇所を9つまでと制限すると、アンダーラインを引いた箇所を再び読み直し、「選り抜く」という作業が必要になります。この段階ですでに、アンダーラインを引いただけで本棚に戻してしまうよりも、脳内への情報の定着率は高まります。

## 迷ったらアンダーラインを引く

本を読むときには必ずアンダーラインを引くようにとアドバイスすると、「どこにアンダーラインを引けばいいのか」という質問をいただくことがあります。

私の答えは「迷ったら、まずはアンダーラインを引いておきなさい」というものです。

これは先ほども指摘したことですが、初読というのは「この本は再読に値する価値があるのか？」「記憶・記録するだけの価値がある本なのか？」という目安をつけるために行うものですから、なんとなく気になったところ、面白いなと思ったところには、まずは迷わずにアンダーラインを引くのでいいと思います。

というのも、アンダーラインを引いた箇所をすべて転記するわけではないからです。再読時には、アンダーラインを引いた箇所を中心に読みながら、「転記に値するか」という観点で評価し、やはり転記すべきだと思えば、その箇所だけ選り抜いて転記すればいいのです。

もう少し具体的な手順を書けば、私の場合、アンダーラインを引いた箇所を再読して、「やはり面白い」「やはり重要」と思われる箇所については、付箋を貼るようにしています。このとき、付箋を貼る位置を重要箇所の冒頭の行の位置とそろえておくと、三読のときにも迷わず効率的です。

ちなみに、これはとても面白いことなのですが、アンダーラインを再読してみると、どうしてこんなところに線を引いたのだろうと思われるような箇所が、結構あることに気づくと思います。

人の心にどのようなコンテンツが響くのかには文脈があります。特にお酒を飲んだときなどには人は感じやすくなっていますから、そういうときに読んだ本はアンダーラインだらけになったりする。

しかし、ではそうしたアンダーラインがすべて知的ストックに蓄積されるべき内容なのかというと、まあそういうことにはならないわけで、やはり再読を通じた転記箇所のフィルタリングというのは、どうしても必要になってくると思います。

そして、付箋を貼った箇所を再び読んで、つまり三度目＝三読ということになりますが、後々で参照することになりそうだと思われる箇所については、エバーノートに転記するようにしています。

つまり、プロセスとしては、

**初読** 気になったところに、とりあえずアンダーラインを引く

**再読** アンダーラインを中心に読んでやはり面白い、重要と思われる箇所に付箋を貼る

**三読** 付箋を貼った箇所を読んで、後々に参照しそうな箇所を選り抜いて転記する

という流れになります。

# 必ず後で検索できるイケスに入れる

初読・再読・三読を通して選び抜かれた9箇所の情報は、イケスに転記します。

私の場合、転記先の記録媒体としてエバーノートを用いているので、単純にエバーノートに新規のノートを設定し、そこに書籍名と選り抜いた9箇所のアンダーラインの主要部をパチパチと転記します。

このときも、アンダーラインが長くなるようであれば、主要部分に絞って作業負荷が増えすぎないように注意します。情報を完全に転記するのではなく、あくまで後で参照する際に原典に戻るための「とっかかり」があればいいわけで、別にアンダーラインを引いた箇所の全文を転記する必要はありません。

長さの判断のポイントは、1箇所で1分という時間軸の目安です。1箇所で1分、9箇所で合計9分。転記の時間に使うのは1冊につき10分未満とすることで、この作業への投資が無尽蔵に拡大していくことを防ぎます。

ちなみに私の場合はエバーノートを用いていますが、整理のためのサービスやソフトはなんでも構わないと思います。エバーノートが登場する前、私はグーグルの提供するGメールを用いて、自分宛のメールに選り抜きを転記していました。

Gメールは検索機能が優れている上に、クラウドサービスですから、いつでもどこからでもウェブにアクセスする環境さえ整っていれば過去の選り抜きをすぐに呼び出すことができます。これはこれで便利だったのですが、やはりタグを使って過去のノートの組み合わせを変えられるという点に引かれてエバーノートに鞍替えしてしまいました。

最後に、先ほど転記先はなんでも構わないと指摘しましたが、もし一点だけ「これは絶対」という条件があるとすれば、それは「後から精度の高い検索ができる」という点です。これはとても大事なポイントで、後で検索ができるからこそ、脳内にストックせずに安心して外部ストックに委ねられます。私も以前は、重要と思う抜き書きをノートに転記していた時代がありましたが、1年も経たないうちに、どの本をどのノートに転記したか、いつごろのことなのかさえ思い出せず、長い時間をかけて探したものの、結局は見つからなかった悔しい経験を何度もしています。

知的生産に関してはさまざまな主張があって、「転記はノートにするべし」という主張

## 図7 知的生産システムの構築法

**1**
**初読**

### アンダーラインを引く

読みながら、「事実」「示唆」「行動」の3箇所に線を引く。自分の気づきも書き込みながら、迷ったら線を引き、どんどん汚して読む。著者と対話を行う知的格闘段階。

▼

**2**
**再読**

### 選り抜き

アンダーラインを引いた箇所を再び読み返して、重要な箇所を選別する。転記する労力を考え、5～9箇所に絞る。特に重要・面白いと感じた箇所に付箋を貼る。

▼

**3**
**三読**

### 転記

付箋を貼った箇所をエバーノートなどに転記する。全文を転記せずとも、後で検索できる「とっかかり」だけで問題ない。1冊あたり10分以内で行うと費用対効果が高い。

※後で検索できれば、
どんなサービスでもOK

➡ **抽象化で得た仮説・示唆・行動をセットで書き記す**

（詳しくは後述）

も少なくありませんが、ことビジネスパーソンの知的生産という文脈で考えれば、これはまったくナンセンスな主張だと思います。

そもそも選り抜きを転記する最大の目的は「忘れる」ためです。忘れることで脳のワーキングメモリーのスペースを広く保ち、目の前の知的生産に活用する。必要になったときになって初めて、外部の知的ストックから情報をダウンロードして活用できるからこそ安心して忘れられるわけで、そのためには精度の高い検索機能が絶対に必要になります。

転記する外部メディアはなんでも構わないと思いますが、どこからでも精度の高い検索ができるという条件をはずさないようにしたいところです。

カードについてよくある誤解は、
カードは記憶のための道具だ、というかんがえである。
英語学習の単語カードなどからの連想だろうが、
これはじつは、完全に逆なのである。
頭のなかに記憶するのなら、カードにかく必要はない。
カードにかくのは、そのことをわすれるためである。
わすれてもかまわないように、カードにかくのである。
（中略）いわば「忘却の装置」である。
カードは、わすれるためにつけるものである。

梅棹忠夫『知的生産の技術』

## 図8 キンドル個人ページの「Your Highlights」

メモ付きのKINDLE本

反脆弱性［上］――不確実な世界を生き延びる唯一の考え方

ナシーム・ニコラス・タレブ、望月 衛、千葉 敏生

注釈の最終更新日 2017年9月14日 木曜日

102 個のハイライト | 1 個のメモ　エクスポートの制限に達したため、一部のハイライトが非表示になっているか、省略されています。

黄色のハイライト | 位置: 207　オプション

風はろうそくの火を消すが、炎を燃え上がらせる。それは、ランダム性、不確実性、無秩序も同じだ。それらから隠れるのではなく、利用しなければいけない。炎になって、風が吹くことを期待するのだ。このたとえは、ランダム性や不確実性に対する私の前向きな考え方をずばり言い表わしている。

黄色のハイライト | 位置: 225　オプション

反脆いものはランダム性や不確実性を好む。つまり、この点が重要なのだが、反脆いものはある種の間違いさえも歓迎するのだ。反脆さには独特の性質がある。反脆さがあれば、私たちは未知に対処し、物事を理解しなくても行動することができる。しかも適切に。いや、もっと言おう。反脆さがあれば、人は考えるより行動するほうがずっと得意になる。ずば抜けて頭はよいけれど脆い人間と、バカだけれど反脆い人間、どちらになりたいかと訊かれたら、私はいつだって後者を選ぶ。

黄色のハイライト | 位置: 271　オプション

２００８年に始まった金融危機でわかったように、現代の制度や政治事情が複雑化しているせいで、破綻のリスクを他者に押しつけても、簡単には見破られない。かつて、高い地位や要職に就く人というのは、リスクを冒し、自分の行動のダウンサイドを受け入れた者だけだった。そして、他者のためにそれをするのが英雄だった。ところが、今日ではまったく逆のことが起こっていて、逆英雄という新しい人種が続々と出現している。官僚。銀行家。ダボス会議に出席する国際人脈自慢協会の会員のみなさん。真のリスクを冒さず説明責任も果たしていないのに、権力だけはやたらとある学者など。彼らはシステムをいいように操作し、そのツケを市民に押しつけている。歴史を見渡してみても、リスクを冒さない連中、個人的なエクスポージャーを抱えていない連中が、これほど幅を利かせている時代はない。いちばん重要な倫理規範を挙げるとすればこうだ。他者の脆さと引き換えに反脆さを手に入れるべからず。

黄色のハイライト | 位置: 323　オプション

私たちの地球はまあ40億年くらいは生きている。とすれば、頑健さだけじゃない、何かがあると考えるのがふつうだ。小さな亀裂がシステム全体の崩壊につながらないためには、完璧なる頑健さが必要だ。だが完璧な頑健さなどありえないことを考えると、ランダムな事象、予測不能な衝撃、ストレス、変動性を敵に回すのではなく、味方につけ、自己再生しつづける仕組みが必要なのだ。

黄色のハイライト | 位置: 326　オプション

反脆いものは、長い目で見れば予測ミスから利益を得る。この考えに従うなら、ランダム性から利益を得る多くのものが今日の世界を支配し、ランダム性から害をこうむるものはとっくになくなっているはずだ。実をいうと、それが正解だ。

# キンドルなどの電子書籍を活用する

先述した通り、このような「アンダーライン」を引いて選り抜き、転記する」というのは、自分で言うのもなんなんですが、ものすごく面倒臭い行為です。

ということで、私の場合、ここ数年はキンドルを用いることが多くなってきました。私は年間で大体３００冊前後の本を読みますが、ざっくりそのうちの半分はキンドルで読んでいます。

というのも、キンドルでアンダーライン（キンドルではハイライトという用語になっていますが）を引くと、それをクラウドで吸い上げて、後でまとめてチェックすることができるからです。初めてこのサービスの存在を知ったときは本当に感動しました。

具体的にはキンドルを購入すると、アマゾンの中に自分用の管理ページができるのですが、この中に「Your Highlights」という項目があって、ここで自分が付けたアンダーラインをすべて確認できます。

もちろんデジタルデータですから、検索も可能です。私の場合はこのページから、特にここは重要だと思われる箇所をコピペしてエバーノートに転記し、関連しそうなテーマをタグとしてつけるようにしています。

## 転記の際は、ビジネスや実生活にとっての「示唆」を書き出す

リベラルアーツに関連する読書において重要なのは、単に転記するだけではなく、必ずビジネスや実生活における「示唆」を書き出すということです。

私は、リベラルアーツに関連する読書では、「面白い」か「面白くない」かが本を選ぶ

上での唯一の基準だと指摘しましたが、これは選定の上での話であって、読後も「ああ、面白かった」で終わってしまっては意味がありません。

もちろん、エンターテインメントとしての読書であればそれで構わないわけですが、貴重な時間を読書に投下するのはそこから何らかの有益な情報を得て、それをビジネスや実生活に活かすことにあります。

本を読んで「面白かった」と思うのであれば、自分がなぜそう感じたのかを少し踏み込んで考えてみる。そうすると、ビジネスや実生活につながるヒントが得られることが多いのです。

まずは、面白いと思ったところを転記する。そして、その転記された箇所から得られるビジネスや実生活に対する示唆も合わせて書き出してみる。整理の仕方は、

**①面白かった「事実」**

**↓**

**②ビジネスや実生活に対する「示唆」**

**↓**

**③具体的な「行動」の仮説**

という三つになります。

具体的な例を挙げて説明してみましょう。

たとえば長谷川英祐著『働かないアリに意義がある』という本を取り上げて考えてみましょう。この本を読んでみると「マジメな働きアリばかりのアリの巣よりも、ある程度の比率で『働かないアリ』が混じっていた方が、アリの巣の生存確率は高くなる」という記述があります。

一般的には、もちろん働き者が多い組織の方が外的変化に対しては強いと考えられているため、これは世間一般に言われていることの反対、アンチテーゼになるわけですから、「へえ、面白いな」と思うでしょう。これが、上記の枠組みで説明した、「①面白かった箇所」に該当します。

ここから先は自分の頭で考えてみます。この興味深い事実は、ビジネスや実生活にどういう示唆があるのでしょうか。

まず、思いつきそうなのは「現在のビジネスに１００％組織のリソースを投入してしまうと、新しいビジネスの芽は生まれない」といったヒントでしょうか。別に他人に見せるアイ

『働かないアリに意義がある』
長谷川英祐（中経の文庫）

デアではないから、思いついたヒントはどんどん書いていきます。

その他にも、たとえば実生活上で「いまのビジネスに関係する人ばかりと会っていると自分の人生にイノベーションが起こらないのでは？」とか「本棚が最近はいつも本でパンパンになっていて、新しい本を買って入れるスキマがない。これってヤバいのかも……」とかといった、かなり「遠い」ヒントを思いついたりもします。こうした思いつきもまた書いておきます。

アリのコロニーの話と本棚には直接的な関係はないけれども、論理的な整合性よりもそういった思いつき、ヒラメキを書き出しておくというのが重要です。こうした思いつきが、上記の枠組みでいう「②ビジネスや実生活に対する示唆」に該当します。

そして、できればこの先、ではどうするといいのかという問いに対して、「③具体的な行動の仮説」を作ることになります。たとえば、「現在のビジネスに対して100％効率的な組織をつくってしまうと、環境変化に対応できない」という「示唆」からは、ある程度のリソースは、直接的な利益が見込めないような研究や新規ビジネスの開発に充てた方がいい」というビジネス上のアクション仮説につながります。

あるいは「いまやっている仕事と関係のある人ばかりと会っていたりすると、人生にイノベーションが起こらないのでは」という示唆は、「では、月に1回程度はいまやってい

## 図９ 選り抜き箇所と「示唆・行動」をセットで転記する

(例)『働かないアリに意義がある』
について転記する場合

**①面白かった事実**

→ アンダーラインを引き、面白いと感じた「選り抜き」箇所を転記する

(例)「働かないアリの方が外的変化に対して生き残れる確率が高い」

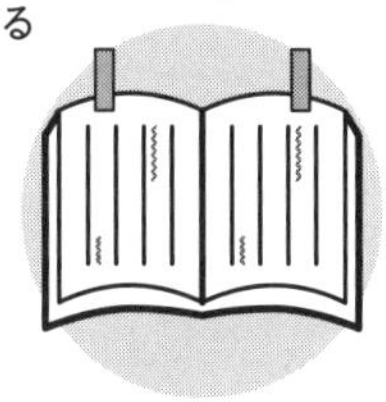

▼

**②ビジネスや実生活に対する示唆**

→ ①の事実を抽象化した示唆もセットで記入する

(例)「いまのビジネスに関係する人だけ会っていると、人生にイノベーションが起きないのでは？」

▼

**③具体的な行動の仮説**

→ ②の問いに対して、実際に何をするべきかも一緒に記入する

(例)「月に１回は仕事と関係ない人と会食する」「会いたい人リストを作って月初に連絡する」

る仕事とは関係しない人との会食を持とう。具体的に会いたい人のリストを作って月初に面会を希望する連絡を送ろう」ということになるし、「本棚がパンパンだと新しい本が買えない」というのは「1年間手に取らなかった本は思い切ってバッサリ捨てよう。本棚が1年のあいだに読んだ本だけになれば、本棚を見ていると自分の勉強状態もわかる」というように「行動」につなげていきます。

## タグ付けにより、思いもよらない「組み合わせ」を生み出す

ここで重要な指摘をしておきます。というのは、ストックを構築する目的は、単にインプットした内容を保存し、それを適宜取り出せるようにするためではないということです。

もちろん、副次的にそのような効果はあるのですが、こと「知的戦闘力を向上させる」という目的に照らして、このようなストックを構築する意味を改めて考えれば、それは「新しいアイデアの組み合わせを作る」ということにほかなりません。どういうことでしょうか？

知的戦闘力の発揮度合いにはいくつかのレベルがあります。それはすなわち、

**レベル1** 過去に学んだ知識を、状況に応じて適宜用いることができる
**レベル2** 過去に学んだ知識を組み合わせ、自分ならではの概念を構築できる

という二段階です。

このうち、知的ストックの構築がレベル1に貢献することは論をまたないことですが、ではレベル2を実現するためにはどうすればいいのでしょうか?

ここでポイントになるのが「タグ付け」ということになります。まったく別の情報ソースからインプットされた情報が、たとえば「イノベーション」という同じタグを付けられることによって、初めて横に並べられることになります。

たとえば、美術史家の石鍋真澄氏による『フィレンツェの世紀』からの抜粋と、クレイトン・クリステンセンによる『イノベーションのジレンマ』からの抜粋を横に並べてみることで、初めて生まれてくる洞察があります。なんらかの意図を最初から持ってルネサンスに関する美術史の情報と、経営学の組織論に関する情報を横に並べてみるということは、なかなかできることではありません。

カギになるのは「適度なランダムさ」です。書店で隣に並べられるような本であれば、私たちは容易に結びつけて考えることができます。

一方で、まったくランダムに組み合わせたとして、それらの組み合わせからなんらかの有用な示唆や洞察が得られるかというと、これもまた難しい。思いもよらない組み合わせだったのだけれど、抽象度を上げてみると一定のつながりがある、しかもそれぞれ事前に意図することは難しいというような、「適度なランダムさ」が、新しいアイデアの組み合わせをもたらしてくれるということです。

近年では、日本におけるダイバーシティの問題が、さまざまなところで言及されています。そもそも、なぜダイバーシティが重要かというと、これは要するに「思いもよらない組み合わせ」を作るためなのです。ダイバーシティというのは多様性ということですが、では何が多様になるのかというと「感じ方、考え方」が多様になることで、最終的に「意見が多様になる」ところが重要なんです。

少し横道に逸れますが、この点を踏まえずにただ単に女性や外国人を増やしている企業や組織が多いのですが、それが組織の多様性につながるかというと、私は懐疑的です。

重要なのは、女性や外国人といった「属性の多様性」が「感性や思考の多様性」につながり、さらに最終的に「意見の多様性」につながることが重要です。したがって、組織の多様性を高めるには、他人と違う考え方を奨励する文化の浸透や、異なる意見や見解を奨励してどんどん出させるようなリーダーのスキル開発が必要なのですが、多くの企業では単に「属性の多様性」を増すことに関心を向けるばかりで、肝心要のところに手立てができていないように思えます。

ということで、話を元に戻せば、このようなタグ付けによって、自分の独学のシステムの中に「多様な気づきの機会を得る」というのが、タグ付けの大きな目的ということになるのです。

## 「本のプレイリスト」を作るつもりで

このようにして「読書→転記」を繰り返していくと、やがて読書ノートがたくさんでき上がることになります。この読書ノートの活用の仕方はいろいろなのですが、まずはなんといっても、手持ち無沙汰なときに、ざっと眺め返してみるというのがお勧めです。

本書では何度も指摘している通り、人間のワーキングメモリーは非常に小さく、インプットした情報をすべて覚えておくことはできません。だからこそ、何らかの形でインプットした情報を整理・保存し、適切な状況で適切なストックを引き出す仕組みが必要だということなのですが、過去に作成した読書ノートを読み返すことで、ワーキングメモリーの鮮度をかなり保つことができるようになります。

ここでポイントになるのが、音楽を聴くようにして過去の読書ノートを読むということです。アップルのiPhoneにはプレイリストを作る機能がありますね。これはテーマ別にまとめられた楽曲のリストということですが、同じような考え方を読書ノートにも当てはめて楽しむことができます。

しかも、ここで読み返されることになる箇所は、過去の膨大な読書の中から厳選された文章なわけですから、その都度、いろいろな気づきや示唆を与えてくれることになります。このとき思いついた示唆などもさらに書き加えていくことで、読書ノートが進化していきます。

# 変化の早い時代を生き抜くには「アンラーン」が必要

さて、本章もいよいよ最後の項目になりました。ここでは、インプットし、抽象化・構造化され、ストックされた情報について、これをいかにして「アンラーン＝消去」していくかという点について説明したいと思います。

せっかく学んだ内容をアンラーンしてしまうというのは、とてももったいないように思われるかもしれませんが、本書の目的である「知的戦闘力の向上」を目指すのであれば、アンラーンは絶対に欠かすことができません。

アンラーンとは「ラーン＝学ぶ」の逆ということです。無理やり日本語にすれば反学習ということになるでしょうか。「再」学習ではなく「反」学習。つまり、一度学んだことをまっさらにしてしまうということです。

なぜ、貴重な時間という資源を投資して、せっかく学んだことをまっさらにしなければならないのか？　理由は簡単で、環境の変化がとても速くなっているからです。10年前には有効だったコンセプトやフレームワークがどんどん時代遅れになり、新しいコンセプトやフレームワークにとって代わるということが起こっているのが現代です。

一つわかりやすい例を挙げましょう。

1997年にチェスの世界チャンピオンであるガレリ・カスパロフはIBMのスーパーコンピューター「ディープブルー」と対戦し、敗れました。コンピューターが（人間の）チェスの世界チャンピオンに初めて勝ったということで当時は大変な話題になったものです。

その翌年、IBMはディープブルーの能力をさらに5倍程度に増強し、これを1億円で販売し、それなりの販売成績を収めたようです。2014年1月3日の時点では、IBMのウェブサイトを確認すると、ディープブルーは、その後NASAの火星無人探査機「マーズ・パスファインダー」のプロジェクトや米国エネルギー省のローレンス・リバモア研究所などで活用されたという報告が掲載されています。

さて、この1億円で売り出されたディープブルー（改）ですが、現在皆さんが日常的に使っているデスクトップのPCには、ほぼ同じ性能が備わっていると言ったら驚かれるでしょうか。しかし本当のことなんですね。たった17年のあいだに、1億円の価格で販売され、政府や大手シンクタンクにしか購入できなかったスーパーコンピューターとほぼ同等の性能のコンピューターが、一般の人々にも購入できるようになっているのです。

1億円といえば都内一等地の高級マンションや最高級のスポーツカーの価格と同等ですが、これらの価格が20年足らずの間に10万円まで落ちるとはとても考えられません。

しかし、情報処理の分野ではそういうことが、ここ50年ほど起き続けているのです（インテルの共同創業者であるゴードン・ムーアが、集積回路の密度は毎年2倍になるという、いわゆるムーアの法則を指摘したのは１９６５年のことです）。

これを逆さまに言えば、つまり今日1億円かかるコンピューターは、10～20年後には10万円程度になるということでもあります。最近では、いろいろなところで「多くの人がコンピューターと仕事を奪い合う時代が来る」と言われていますが、現在、コストがかかり過ぎるという理由でコンピューターに代替されていない仕事の多くは、恐らくごくごく短期間のうちにコンピューターによって代替されることになるはずです。そして、その変化はビジネスモデルや社会のありように対しても大きな変化を与えるでしょう。

そのような、大きな変化が継続的に起こっている世界において、一度学んだコンセプトやフレームワークに執着し続けるのは、怠惰を通り越して危険ですらある。こういった世界に生きる私たちは、常に「昔とった杵柄《きねづか》」を廃棄し、常に虚心坦懐《きょしんたんかい》に世界を眺めながら、自分が学んできたことを消去し、あるいは新しく学んだことで上書きしていく、つまりアンラーンし続けることが求められているのです。

ひとは単に知っていることによって
知慮あるひとたるのではなくして、
それを実践しうるひとたることによって
そうなのである。

アリストテレス『ニコマコス倫理学』

# 第5章

# なぜ教養が「知の武器」になるのか？

## ——戦闘力を高めるリベラルアーツの11ジャンルと99冊

ここまで「独学のシステム」の全体像について、さらにはシステムを構成する「戦略」「インプット」「抽象化・構造化」「ストック」という四つのモジュールを構築するための具体的な方法を解説してきました。

本章では、「知的戦闘力を向上させる」という目的に照らして、有用と思われるジャンルについて筆者の考察を述べたいと思います。

具体的には、次の11ジャンルについて、それらを独学することの意味について私の考えを述べるとともに、初学者にとってとっつきやすいと思われるお薦めの書籍を紹介していきます。

①歴史
②経済学
③哲学
④経営学
⑤心理学
⑥音楽
⑦脳科学

**⑧文学**
**⑨詩**
**⑩宗教**
**⑪自然科学**

ということで、早速これらのジャンルについて、個別に学び方や学ぶ意味について述べたいと思いますが、まずはその前に、一般に「リベラルアーツ」という学問領域で括られるジャンルを学ぶことの「五つの意味」について説明しましょう。

詳しくは個別の論考をお読みいただければと思いますが、結論として言いたいのは、現代をしたたかに生きていこうとするのであれば、リベラルアーツほど強力な武器はないということです。

特にビジネスにたずさわる立場にあるのであれば、リベラルアーツを学ぶことは、恐らく人生においてもっとも費用対効果の高い投資になるでしょう。

リベラルアーツを学ぶ意味①

# イノベーションを起こす武器となる

まず読者の皆さんに一つ質問をしてみましょう。その質問とは「金利はなぜプラスなのか?」というものです。

恐らく、多くの読者はこの質問に対する明確な答えを持っていないでしょう。しかし、それはなにも皆さんに限ったことではありません。私を含め、現代に生きる我々のほとんどは無条件に「金利はプラスだ」と信じて疑っていません。

ところが、これは現代の、それも実質的な西欧社会に生きている我々だけのあいだに通用する常識であって、歴史を振り返れば、あるいは地域を変えてみれば、それが一時的かつ局所的な常識であることがすぐにわかります。

たとえば、中世ヨーロッパや古代エジプトではマイナス金利の経済システムが採用されていました。マイナス金利ということはつまり、銀行にお金を預けるとどんどん価値が目減りしてしまうことを意味しています。

したがって、こういう社会では現金を持ち続けていることは損になります。当然のことながら、現金は入ってくると同時になるべく他のものと交換しようという誘因が働くことになります。

では、どのようなものと変えるのがいいでしょうか。食べ物？　いや、食べ物は難しい。一度に食べられる量には限りがありますから、保存が必要になります。しかし当時は冷蔵庫もない時代で、保存できる量にはおのずと限りがあります。

では、モノにするべきでしょうか？　モノなら何がいいでしょうか？　こうやって考えていくと、やがて誰もが同じ結論に至ることになります。そう、長いこと富を生み出す施設やインフラにお金を使おうという結論です。

このような考え方に則《のっと》って進められたのがピラミッドの建築に代表されるナイル川の灌《かん》漑《がい》事業であり、中世ヨーロッパでの大聖堂の建築でした。この投資が、前者は肥沃《ひよく》なナイル川一帯の耕作につながってエジプト文明の発展を支え、後者は世界中からの巡礼者を集めて欧州全体の経済活性化や道路インフラの整備につながっていったのです。

リベラルアーツを、社会人として身につけるべき教養、といった薄っぺらいニュアンスで捉えている人がいますが、これはとてももったいない。リベラルアーツのリベラルとは自由という意味です。アートとは技術のことです。つまり「リベラルアーツ」というのは、

「自由の技術」ということです。

では、ここでいう「自由」とは何なのか？　元々の語源は新約聖書のヨハネ福音書の第8章31節にあるイエスの言葉、「真理はあなたを自由にする」から来ています。「真理」とは読んで字の通りで「真の理（＝ことわり）」のことです。時間を経ても、場所が変わっても変わらない、普遍的で永続的な理（＝ことわり）が「真理」であり、それを知ることによって人々は、その時その場所だけで支配的な物事を見る枠組みから自由になれる、といっているわけです。

その時その場所だけで支配的な物事を見る枠組み、それはたとえば「金利はプラスである」という思い込みのようなものです。つまり、目の前の世界において常識として通用して誰もが疑問を感じることなく信じ切っている前提や枠組みを、一度引いた立場で相対化してみる、つまり「問う」「疑う」ための技術がリベラルアーツの真髄だということになるわけです。

そして、あらゆる知的生産は、「問う」「疑う」ことから始まります。この点についてはすでに指摘しましたが、質の良い「問い」「疑い」のないところには、質の良い「インプット」は生まれません。つまりリベラルアーツというのは、知的戦闘力の基礎体力を高める役割を担うわけです。

この「問う」「疑う」という行為は、ビジネスの世界においても強力な武器となります。たとえば、イノベーションというのは「常識を疑う」ことで初めて駆動されます。過去のイノベーションを並べてみると、そこに何らかのかたちで、それまでに当たり前だと思っていた前提や枠組みが取り払われて成り立っていることに気づくと思います。

・パソコンの販売では店頭シェアがカギだ、という前提が支配する中で、その前提にこだわって破綻したコンパックと、その前提から離れてダイレクト販売というモデルを確立して業界を支配したデル

・モノを一番早く運ぶのは最短経路だ、という前提が支配する中で、その前提にこだわって消えていった多くの零細運送事業者と、ハブ&スポークという物流システムを確立して成長したＦｅｄＥｘ

・パソコンには入力機器と記録媒体が必要だ、という前提にこだわって価格競争の泥沼で苦しんでいる多くのＰＣメーカーと、その前提から離れてiPadを開発したアップル

イノベーションというのは常に「それまでは当たり前だと思っていたことが、ある瞬間から当たり前でなくなる」という側面を含んでいます。つまりイノベーターには「当たり前」を疑うスキルが必要だということです。

リベラルアーツを学ぶ意味②

## キャリアを守る武器となる

いまこの瞬間の世界のありようを前提にして、その中でいかに功利的に動くか、という問題意識に現代人の多くは囚われすぎているように思います。

世界のありようについて、その是非を問わず、「そういうものだ」と割り切って自分を変えるというアプローチを、特にエリートと呼ばれる人は取りがちです。そのようなアプローチの末に、めでたく高額の収入と他者からの尊敬を同時に勝ち取る人も少なくありません。そして、そういう「勝ち組」と言われる人を見て、彼らがしたのと同じような努力を積み重ねようとする他者が大量に出現することになります。

しかし、気をつけなければいけません。

世界のありようは常に変化していきます。かつての世界においてうまく機能した闘い方が、ある日突然まったく通用しなくなってしまうということがいつ起こるかもしれないのです。

デリバティブのトレーダーから認識論の学者へと転身したナシーム・ニコラス・タレブは、「白鳥というのは白いものだ」と、私たちが認識を確定した後で現れる「黒い白鳥」が、システムに最適化した人々にカタストロフィをもたらすということを、著書『ブラック・スワン』の中で指摘しています。

たとえばリーマンショックはまさにそのような出来事と言えます。２０００年代、多くのビジネススクール卒業生は投資銀行の門をたたき、社会システムへの最適応者として「バラ色の人生＝La Vie en Rose」ともいうべき華々しいキャリアを築こうとしました。

しかし祝宴は唐突に終わりを告げ、世界のありようは変化してしまいました。変化する前の、いわば「旧世界のありよう」に最適化すべくスキルと知識を積み重ねてきた多くの人は、いわば「世界に裏切られ」て、野に放り出されてしまったのです。

投資銀行というのはきわめて特殊な職業で、求められる

『ブラック・スワン』
ナシーム・ニコラス・タレブ
（ダイヤモンド社）

ノウハウやスキルの普遍性はあまり高くありません。彼らの多くは、放り出された荒野から、再び人生を歩み始めるための異なるスキルやノウハウを身につけることを強いられていますが、これは実に過酷なことだと思います。

リーマンショックによって職にあぶれた投資銀行マンはほんの一例に過ぎません。歴史を振り返ってみれば、永遠に続くかと思われたような祝宴が突然に終わりを告げるというのはよくあることです。世界というものは気まぐれに人を裏切るものなのです。

だからこそ、我々は七転八倒しながらも取っ組み合いをしている世界に振り回されないための、いわば「知的な足腰」を養わなければならないわけです。世界のありように目を向けて自分のキャリアや立ち振る舞いを設計するのではなく、世界のありようについて一応は部分的に適応しつつも、それを相対化しながらしたたかに立ち回って変革の機会を待つための「知的な足腰」が必要です。

そして、それはリベラルアーツを学ぶことでしか身につけることができないと私は考えています。

リベラルアーツを学ぶ意味③

# コミュニケーションの武器となる

異なるバックグランドや価値観を持っている人と正確かつ効率的にコミュニケーションをするためには三つの素養が必須だと私は考えています。

その三つとは「英語」「論理」「リベラルアーツ」です。英語と論理については説明の必要はないでしょうが、リベラルアーツについては疑問に思われる向きもあるかもしれません。

しかし私は、ごく個人的な体験から、リベラルアーツがコミュニケーションを円滑にするための武器になると信じています。

典型的な例を示しましょう。次の会話は、私がある組織改革プロジェクトを支援した際に接した、クライアント企業の状況について語る、ロンドンの同僚とクライアントとのやりとりです。

コンサルタント「彼はどういうタイプのリーダーですか？」
クライアント「彼かい？　リア王だね」
コンサルタント「なるほど。ではエドマンドは？」
クライアント「S氏だ」
コンサルタント「やっぱりそうですか……ではコーディリアは？」
クライアント「去年までいたN氏がそうですが、S氏に放逐された」
コンサルタント「ああ、では我々がコーディリアになる必要がありますね」
クライアント「なるほど。それはそうだな……」

上記の会話は言うまでもなく、ウィリアム・シェークスピアの戯曲『リア王』を題材にしています。念のために記しておけば、この戯曲において老王リアは、腹黒い娘2人の意図を見抜けずに寵愛して国をゆずる一方で、真の愛からリアに苦言を呈するコーディリアを疎んじて追放してしまう。上記の会話はその人間模様をたとえとして用いたものですが、リア王の筋書きをまったく知らない人にとっては意味不明でしょう。

これは語学力や論理的思考力の問題ではありません。単純にリベラルアーツ＝教養の問題です。欧州人にとって、という前置きを飛ばしても、知的産業に従事しているのであれば『リア王』くらいは読んでいて当然だ、という前提で世界中のエリートは議論を組み立ててきます。

恐らく遠く東洋から参加している私を値踏みする、という意味もあったのかもしれません。鼻持ちならないエリートのスノビズムだと感じる向きもあるでしょう。しかしこれは、立場を変えてみればよくわかる話です。

たとえば、日本人であれば「あの二人の関係は、忠臣蔵の吉良上野介と浅野内匠頭のようだ」といえば、それだけで複雑な背景説明なしに状況の理解を共有することが可能でしょう。

このたとえ話をして「意味がわかりません」と言われれば、相手の学歴や職歴がどんなに立派でも「コイツ、そもそも人として大丈夫か？」と私などは思ってしまいます。こういった人間関係や情景を、いちいち噛み砕いて説明していたら、それこそまだるっこしくてしょうがありません。つまりリベラルアーツとは、コミュニケーション効率を一気に高めるための一種の圧力鍋として機能するということです。

グローバルなコミュニケーションが必要となる場で、『リア王』を知らないというのは、日本において仕事をする際に「忠臣蔵」のたとえを出されてもわからない、というくらいのコミュニケーションロスになるということです。

特に、聖書とシェークスピアを筆頭に、ドストエフスキーなどの世界文学は、それらを読んでいるという前提で欧米のエリートはコミュニケーションをしてきます。一種のリトマス試験紙のようなもので、彼らとしては、ここでプロトコルが共有できないようであれば人間として信用しない、少なくとも自分と同じクラスの人間、仲間とは認めないということです。

リベラルアーツを学ぶ意味④

## 領域横断の武器となる

リベラルアーツはまた、専門領域の分断化が進む現代社会の中で、それらの領域をつないで全体性を回復させるための武器ともなります。現在の社会はテクノロジーの進化に引きずられるようにして変化を余儀なくされていますが、テクノロジーの進化は必然的に専門分野の細分化を要請します。

このとき、特定領域における科学知識の深化とリベラルアーツを二項対立するものとして置けば、リベラルアーツに出る幕はありません。

しかし一方で、どんどん専門分化する科学知識をつないでいくものとしてリベラルアーツを捉えればどうか。本書の冒頭で指摘した通り、いま足りないのは領域の専門家ではなく、そこを越境していけるクロスオーバー人材です。そして、この要請はますます強まっています。なぜなら、専門化が進めば進むほどに、個別専門の領域を超えて動くことのできる「自由な人」が求められるからです。そしてこの「自由さ」を与えてくれる唯一のものが、リベラルアーツだということです。

領域を超えるというのは、リーダーにとって必須の要件と言えますよね。なぜなら領域の専門家でい続ければリーダーになることはできないからです。リーダーとしての器を大きくしていくということは、そのまま「非専門家」になっていくということでもあります。

企業の管理職の中で、もっとも「専門外の領域」について責任を取らなければならないポジションにあるのが「社長」だということを考えてみてください。出世するということは、ある意味ではどんどん「非専門家」になっていくということでもあるわけです。

リーダーの仕事は、異なる専門領域のあいだを行き来し、その領域の中でヤドカリのように閉じこもっている領域専門家を共通の目的のために駆動させることです。仕事の場において、「自分はその道の専門家ではない」という引け目から、「なにか変だな」と思っているにもかかわらず領域専門家に口出しすることを躊躇してしまうことは誰にでもあるでしょう。

しかし、専門領域についていて口出ししないという、このごく当たり前の遠慮が、世界全体の進歩を大きく阻害していることを我々は決して忘れてはなりません。

東海道新幹線を開発する際、「時速200キロで走る鉄道を造ることは原理的に不可能である」と主張し、頑なに新幹線の可能性を否定したのは、国鉄の古参エンジニアでした。そして、その古参の鉄道エンジニアが長いこと解決できなかった車台振動の問題を解決したのは、その道のシロウトであった航空機のエンジニアだったのです。このとき「自分は専門家ではないから」と遠慮して、解決策のアイデアを提案していなかったらどうなっていたでしょうか。

世界の進歩の多くが、領域外のシロウトによるアイデアによってなされています。米国の科学史家でパラダイムシフトという言葉の生みの親になったトーマス・クーンはその著書『科学革命の構造』の中で、パラダイムシフトは多くの場合「その領域に入って日が浅いか、あるいはとても若いか」のどちらかであると指摘しています。

領域を横断して、必ずしも該博な知識がない問題についても、全体性の観点に立って考えるべきことを考え、言うべきことを言うための武器として、リベラルアーツは必須のものと言えます。

リベラルアーツを学ぶ意味⑤

# 世界を変える武器となる

20世紀前半に活躍したドイツの哲学者ハイデガーは「世界劇場」という概念を通じて、現存在＝我々の本質と、我々が社会において果たしている役柄は異なっていると考えました。舞台で演じる役柄のことを心理学ではペルソナといいますが、ペルソナというのは元々は仮面という意味です。

実際の自分とは異なる仮面を身につけて、与えられた役柄を演じる。英語では人格のことを「personality」といいますが、この言葉は元々ペルソナからきています。

そして、すべての人は世界劇場において役割を演じるために世界に投げ出されることになります。これをハイデガーは「企投」とよびました。そして企投された人々が、世界劇場における役柄に埋没していくことを耽落＝Verfallenと名付けた。

マルティン・ハイデガー
（1889～1976）哲学者

ハイデガーによれば、私たちは世界劇場における「役柄」を演じるのに耽落していくことで、現存在＝我々の本質を忘れてしまいます。良い役柄をもらっている人は、役柄ではなく自らの現存在を「良いもの」と考え、ショボい端役をもらっている人は、役柄ではなく自らの現存在を「ショボいもの」と考えてしまう。

そして、当たり前のことながら主役級の役柄をもらっている人はごく少数に過ぎません。多くの人はショボい端役を与えられた大根役者として世界劇場の舞台に立つことになり、役柄を演じるのに四苦八苦している一方で、役になりきって高らかに歌い踊る主役級の人々を喝采しつつも、陰で「ああはなりたくはないよね」という態度を取ってしまったり、何らかの事件で主役から引きずり下ろされるのをみて溜飲《りゅういん》を下げたりしている。

この世界が健全で理想的な状況にあると思っている人は世界に一人もいないでしょう。つまり世界劇場ということでいえば、この劇の脚本は全然ダメな脚本なんです。したがって、この世界劇場の脚本は書き換えられなければならないわけですが、ここで非常に難しい問題が浮上してくることになります。

それは「誰がその脚本を書き換えるのか」という問題です。

テレビドラマの制作を考えてみればわかりやすいでしょう。脚本の修正に口を出せるのは橋田壽賀子クラスの大物脚本家か監督、それに泉ピン子クラスの大物俳優だけです。

しかし、少し考えてみればわかることですが、まず、この社会に適応している人、つまり花形役者には脚本を変更するインセンティブがありません。彼らは、いわば世界劇場における「脚本の歪み」ゆえにさまざまな利益を享受しているわけで、脚本の「歪み」を是正するインセンティブがないのです。

これは監督や脚本家についても同様で、世界の脚本を作っている立場の人はやはり同様にそれを改変するインセンティブを持ちません。これはつまり、いまの世界劇場に完全には適応できていない人、端役を押し付けられた大根役者こそが変革者になりうることを意味しています。

大根役者が、大根役者である自分に失望せず、この世界の中に居残りながら決して耽落もせず、いかに内部から世界をより良い世界に変えていけるか……これが最大の課題です。そして、現在の脚本を離れて、新しい世界の脚本を描くのに必要な技術がまさにリベラルアーツなのです。

現在の脚本が歪んだものである以上、この歪んだ脚本を前提にして書かれている「より良い役柄を生きる」技術、つまりそれはほとんどの経営学やキャリア論のことですが、これらはまったく役に立ちません。新しい世界の脚本を構想するには、より本質的で普遍的な大地を立脚点にしなければなりません。

## どうせ買うなら長持ちする武器

ここまで主に五つの観点から、現代に生きる我々にとってのリベラルアーツの功利的な側面について述べてきました。なかには納得し難いもの、違和感を覚えるものもあるかもしれません。しかし、経営学をはじめとした世知辛い学問の多くがせいぜい数十年の歴史しかないのに対して、リベラルアーツはすでに数百年、科目によっては数千年という時間のヤスリにかけられて残っていることを思い出してください。

誰でも、武器を買うときは丈夫で長持ちするものにしたいと思うでしょう。そういう意味で、リベラルアーツというのは、もっとも長く使うことができる「知の武器」だと言えます。

これまで、あまり慣れ親しむ機会がなかった人にも、今後はぜひ積極的にリベラルアーツに親しみ、そこから矛盾に満ちた世界を変えるための武器を手に入れてほしいというのが私の願いです。

# No.1 歴史

## 人類のらせん状の発展から未来を予測する力を身につける

### 歴史は発展しつつ、再び原点に回帰する

現代社会を生き抜いていこうとするビジネスパーソンにとって、歴史を学ぶことの意味とはいったい何なのでしょうか?

人によっていろいろな答えがあると思いますが、ここでは二つの点を指摘したいと思います。

一つ目は、「目の前で起きていることを正確に理解することができる」ということです。なぜそう言えるかというと、これからの世の中で起きることのほとんどは、過去の歴史の中で起きているからです。

もちろん、起きていることを表面的に捉えれば、現在の私たちが向き合っている世界は、これまでなかったものです。しかしそれを、内部で動いているメカニズムまで踏み込んで考察してみれば、ほとんどの事象について、同様のメカニズムが働いていた歴史的事件があったはずです。

二つ目は、「未来を予測する能力が高まる」ということです。なぜ、歴史を学ぶことで未来を予測する能力が高まるのか？　ここでカギになってくるのが「弁証法」です。

弁証法とは、ある命題Ａが提示された後、それを反証する命題Ｂが提示され、双方の軋《あつ》轢《れき》を調停するかたちで、新しい命題Ｃが提示されるという動的な思考のプロセスを示す哲学用語です。

では、歴史と弁証法にはどのような関係があるのか。歴史は弁証法的に発展していく、と指摘したのは哲学者のヘーゲルでした。ヘーゲルによれば、歴史は、最初に提示された命題Ａが、次に命題Ｂによって否定され、最終的にそれを統合するかたちで、命題Ｃに落ち着くことで発展してきました。

このとき、歴史は「らせん状」に発展します。らせん状に発展するというのはつまり、回転と発展が同時に起こるということ

**ゲオルク・ヴィルヘルム・フリードリヒ・ヘーゲル**
（1770～1831）哲学者

とです。発展しつつ、原点に回帰する。これが弁証法の考え方です。

具体的な例を出して考えてみましょう。たとえば教育システムがそうです。現在の日本では、同じ年齢の子供たちが同じ学年に所属し、時間割ごとに同じ教科を学ぶという仕組みが採用されています。

小学校から高校までの12年間を、基本的にこの仕組みで過ごしてきた私たちにとっては、これ以外の教育システムなど考えられないと思いがちですが、実はこのような仕組みは、過去において長らく実施されてきた教育システムとは大きく異なるものです。

たとえばかつての寺子屋では、年齢のバラバラな子供たちが一箇所に集まり、それぞれが個別に勉強をしながら、教師が勉強を支援するという仕組みが長らく続いていました。現在の私たちからみれば奇異に映るかもしれませんが、歴史的にはこうした教育システムの方がずっと長く続いていたわけです。

さて、それでは今後の教育システムはどうなっていくでしょうか？　恐らく、かつての寺子屋のような形態に再び戻っていくだろうと私は考えています。実際、学力世界一を誇るフィンランドの義務教育の仕組みは、すでにこのような「寺子屋型」スタイルになりつつあります。

また、世界中で利用者が急増しているＷＥＢ上の学校である「カーンアカデミー」もまた、そのような取り組みとして整理することができます。カーンアカデミーを積極的に取り入れている学校では、これまでのように「学校で授業を受けて、家庭で補助的な学習をする」という関係性が逆転し、「授業は家庭でカーンアカデミーを視聴し、どうしてもわからないところは学校で先生に教えてもらう」という構造になっています。

当然のことながら、このような仕組みを採用すれば、学校ではそれぞれの子供が、それぞれの苦手なところを先生に支援してもらいながら学習することになるわけです。

さて、このような教育システムの変遷を弁証法の枠組みで整理するとどうなるでしょうか？　まず、中世から近代にかけての日本で採用されていた寺子屋型の教育システムが、テーゼ＝命題Aとなります。ところがこの仕組みは、明治政府の富国強兵政策に伴う国民皆教育の方針にはフィットしていません。効率が悪いからです。大量の生徒を集めて学習させるためには、工場のように教育を一律化してしまう方がいい。

そのためには戸籍に基づいて、ある年齢になったら画一的に同じ内容を教えるという仕組みが必要です。これは最初の教育システムに対する反論として、アンチテーゼ＝命題Bとなります。

そして、現在世界中で起こっている教育革命は、再び「個別生徒の関心・進捗に合わせて、先生が教室で支援しながら学習を進める」という形態に回帰しつつあるわけですが、ここで注意しなければならないのは、この回帰が単なる「原点回帰」ではなく、デジタルの力を活用した「発展的原点回帰」だということです。テーゼが提示され、それに対するアンチテーゼが提示された後、両者の争点を包含する新しい命題＝ジンテーゼが提案されたわけです。

以前の寺子屋型教育システムは、どうしても効率性という点で問題がありました。現在、世界中で行われている新しい教育システムは、個人個人の進捗度合いや関心に応じた教育のきめ細やかさと、全体としての効率を両立するような仕組みとして提示されているわけです。

ここで「歴史を知っている」というのが重要なポイントになってきます。なぜかというと、歴史が弁証法的に「発展的原点回帰」を繰り返して進展していくというとき、歴史を知らなければ、どのような「原点」へと回帰していくのかがまったくわからないから、予測できないのです。

らせん状に「発展的原点回帰」を繰り返しながら変化していく社会において、どのような「原点」が復活してくるのかを予測できるようになる。これが歴史を学ぶことのとても大きな意味と言えます。

## 歴史　お薦め書籍

『歴史家の自画像』
阿部謹也（日本エディタースクール出版部）

『図説 世界の歴史』
J.M. ロバーツ（創元社）

『歴史とは何か』
E.H. カー（岩波新書）

『新装版 大英帝国衰亡史』
中西輝政（PHP 研究所）

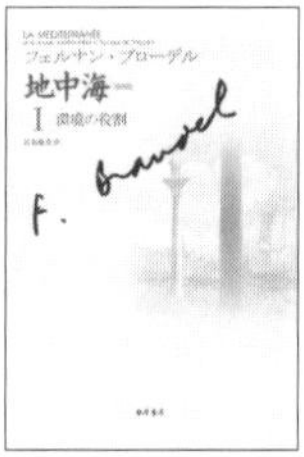


『〈普及版〉 地中海』
フェルナン・ブローデル
（藤原書店）

『銃・病原菌・鉄』
ジャレド・ダイアモンド
（草思社文庫）

『サピエンス全史』
ユヴァル・ノア・ハラリ
（河出書房新社）

『中世の秋』
ホイジンガ（中公文庫）

『エーゲ 永遠回帰の海』
立花隆（書籍情報社）

No.
2

# 経済学

## 競争に勝ち続けるためにマーケットの原理を知る

### 市場がビジネスというゲームのルールを規定している

経済学を学ぶ意味について、世の中一般でよく言われるのは「社会人としての常識だから」とか「世の中の仕組みが理解できるから」とかといったことですが、私自身はそうした「教養としての経済学の知識」について、その有用性を否定はしないものの、副次的なものでしかないと感じています。

ことビジネスパーソンが「知的戦闘力を上げる」という目的に照らして、経済学を学ぶことの意味を考えてみれば、そこには大きく二つのポイントがあります。

一つは、「経済学」が研究対象とする「経済」や「市場」が、ビジネスというゲームの基本ルールを規定しているということです。

ビジネスには当然ながら競争という側面があるわけですが、ではその競争の「ルール」は誰が規定していると思いますか？　公正取引委員会？　それは不当な競争をするプレーヤーを摘発するのが仕事で、別にルールを規定しているわけではないですよね。

実は、ビジネスにおける競争のルールを規定しているのは市場なんです。市場という、人間が生み出したものが、人間とは別に勝手にルールを生み出してしまう。そしてこのルールに人間は縛られるわけです。これをマルクスは「疎外」と呼びました。疎外という言葉は聞いたことがあると思いますが、別にそんなに複雑な概念ではありません。人が作ったものが作り主である人から離れて、よそよそしくなってしまうことです。

したがって、市場がどのように振る舞うかを知ることが、ビジネスのルールを理解する上では大変重要だということになるわけですが、この「市場の振る舞い」を研究しているのが経済学という学問なんです。こう考えるとビジネスパーソンが経済学を学ぶ意味がよくわかるでしょう。

ハーバード大学にマイケル・ポーターという先生がいます。この人は『競争の戦略』という、競争戦略の定番テキストを

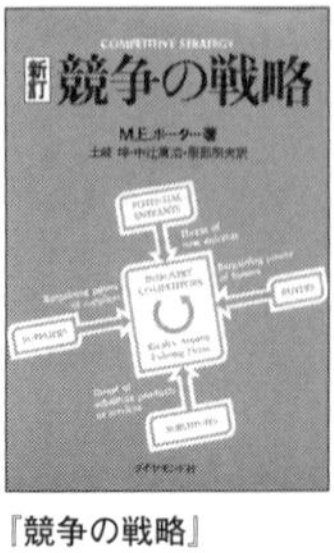

『競争の戦略』
M.E. ポーター（ダイヤモンド社）

書いたことで大変有名ですが、この『競争の戦略』という本は、基本的に経済学の、それも産業組織論の枠組みを用いて書かれています。マイケル・ポーターという人は、元々経済学で博士号を取っています。経営戦略の大家なので経営学の博士だと思っている人が多いと思いますが、そうではないのです。

経済学では厚生の最大化を目指します。簡単に言えば、市場に健全な競争が行われて、誰もが良いものを安く買えるような社会を「良い社会」と考え、これを阻害する要因を排除することを考えます。

つまり、どのようにすれば1社が独占的に市場を支配し、新陳代謝が起こらないような状況を避けられるかということを考えるわけです。しかしこれをひっくり返してみて、市場に参加しているプレーヤーの側から考えてみるとどうなるか。1社が独占的に市場を支配し、新陳代謝が起こらないような状況というのは、まさしく理想的な状況なわけです。

つまりポーターという人は、経済学でずっとやってきた研究を裏返しにして、それをそのまま経営学の世界に持ち込んだということなのです。このような事実を知れば、いかに経済学を学ぶことが、ビジネスの世界における知的戦闘力の向上につながるかがわかってもらえると思います。

経済学を学ぶことの意味についての二つ目のポイントは、「価値」という概念の本質について洞察を得られることです。この点をよくよく押さえておかないと、経済学を学んでも「経済学的知識」は増えこそすれ、「経済学的センス」は身につきません。もちろん、知的戦闘力を向上させるという点において重要なのは後者です。

具体例を出して考えてみましょう。たとえば「モノの価値」はどのようにして決まるのか、という問題についてはいろいろな考え方があります。たとえば、マルクスは「モノの価値は、そのモノを生み出すためにかかった労働の量」で決まると言いました。いわゆる「労働価値説」と呼ばれる考え方です。

これはこれで一つの考え方だとは思いますが、現在を生きている私たちの多くは、たくさんの手間がかかったからといって、必ずしも「価値の高いモノ」が生まれるわけではないことを知っています。

トヨタ自動車の生産性は世界一だと言われていますが、生産性が高いということは「手間がかかっていない」ということです。では手間がかかっていないトヨタの自動車が、他社と比較して価値が低いのかというと、まあそういうことにはならないわけですね。

モノの価値について、現在の経済学では「それは需要と供給のバランスによって決まる」と考えます。同じモノであっても、供給が需要に追いつかない状況では、モノの価値は上昇し、需要以上に供給されれば、モノの価値は低下することになります。これは経済学を学んだ人であれば誰もが知っている、一種の経済学の定理のようなものです。

したがって、自分たちの売っているモノやサービスの価値を上げたければ、需給バランスをコントロールする、という意識が大事だということです。

この「需給バランスによってモノの価値は決まる」ということを、実際に証明したのがダイヤモンドのカルテルです。南アフリカでダイヤモンド鉱山の開発競争が熾烈《しれつ》化した20世紀の初頭、供給過剰に陥ったダイヤモンドの価格はどんどん下落して、「いずれは水晶と同じ値段になる」と言われた時期がありました。

このとき、供給過剰の状況を回避したのがアーネスト・オッペンハイマーというユダヤ人の事業家でした。彼はロスチャイルド銀行の資金を後ろ盾にして、ダイヤモンド鉱山の採掘した原石を全量買い上げるという、ものすごいカルテルを構想したわけです。時代は世界大恐慌の後ですから、販売に不安のないこの仕組みを鉱山側は歓迎し、結果的に南アで採掘されるダイヤモンド原石はすべてこのカルテルに提供されることになりました。

その上で、市場に供給するダイヤモンドの量を意図的に絞ることで価格を釣り上げることに成功します。このカルテルが現在のデビアス社の前身だということを知れば、いかに「経済学的センス」がビジネスの世界における知的戦闘力の向上につながるか、よくわかると思います。

## 経済学　お薦め書籍

『日本人のための経済原論』
小室直樹（東洋経済新報社）

『マンキュー経済学IIマクロ編』
N・グレゴリー・マンキュー
（東洋経済新報社）

『マンキュー経済学Iミクロ編』
N・グレゴリー・マンキュー
（東洋経済新報社）

『共産党宣言』
マルクス　エンゲルス
（岩波文庫）

『経済学の考え方』
宇沢弘文
（岩波新書）

『エンデの遺言 根源からお金を問うこと』
河邑厚徳＋グループ現代
（講談社＋α文庫）

『貧困と飢饉』
アマルティア・セン
（岩波現代文庫）

『経済学大図鑑』
ナイアル・キシテイニー
（三省堂）

『プロテスタンティズムの倫理と資本主義の精神』
マックス・ヴェーバー
（岩波文庫）

# No.3 哲学

## いまのルールに疑問を感じ、自分の頭で考える力を鍛える

### 哲学には必ず大きな「否定」が含まれている

多くのビジネスパーソンにとって、哲学という学問はもっとも「縁遠い」ものに感じられると思います。しかし、実は一方で、欧州のエリート養成機関では18世紀以来、哲学は歴史と並んで、もっとも重要視されてきた学問でもあります。

たとえば英国のエリートを多く輩出しているオックスフォード大学では、長いこと哲学と歴史が必修でした。現在、エリート政治家養成機関としてオックスフォードの看板学部となっているのは「ＰＰＥ＝哲学・政治・経済」です。

日本の大学システムに慣れ親しんだ人からすると、なぜに「哲学と政治と経済」が同じ

学部で学ばれるのかと奇異に思われるかもしれませんが、これはむしろ「世界の非常識」である日本の大学システムしか知らないからこそ感じることで、哲学を学ぶ機会をほとんど与えずにエリートを育成することはできない、それは「危険である」というのが特に欧州における考え方なのです。

たとえばフランスを見てもわかりやすい。フランスの教育制度の特徴としてしばしば言及されるのが、リセ（高等学校）最終学年における哲学教育と、バカロレア（大学入学資格試験）における哲学試験です。

文系・理系を問わず、すべての高校生が哲学を必修として学び、哲学試験はバカロレアの1日目の最初の科目として実施されます。バカロレアに合格する学生は、将来のフランスを背負って立つエリートとなることを期待されるわけですが、そのような試験において、文系・理系を問わず、最重要の科目として「哲学する力」が必修の教養として位置付けられているわけです。

では、哲学を学ぶことにはどんな意味があるのか？　一言でいえば、それは「自分で考える力を鍛える」ということです。この「考える」という言葉は本当に気安く使われる言葉なのですが、本当の意味で「考える」ということは、なまなかなことではありません。

よく「一日中考えてみたんだけど……」などと言う人がいますが、とんでもないことで、こう言う人がやっているのは「考える」のではなく、単に「悩んでいる」だけです。

これは拙著『世界のエリートはなぜ「美意識」を鍛えるのか？』にも書いたことですが、現在、この「自分で考える力」は極めて重要な資質になりつつあります。なぜかというと、これまでに依拠してきた「外部の基準やモノサシ」がどんどん時代遅れになっているからです。

知的戦闘力を高めるという文脈で考えてみた場合、与えられたルールやシステムを所与のものとして疑うことなく受け入れ、その枠組みの中でどうやって勝とうとするかを考える人よりも、与えられたルールやシステムそのものの是非を考え、そもそもルールを変えていこうとする人の方が、圧倒的に高い知的パフォーマンスを発揮するのは当たり前のことです。

もっとわかりやすく言えば、哲学というのは「疑いの技術」だとも言えます。哲学の歴史において、哲学者たちが向き合ってきた問いは基本的に二つしかありません。それは、

**①この世界はどのようにして成り立っているのか？**
**②その世界の中で、私たちはどのようにして生きていくべきなのか？**

という問いです。そして、古代の中国、あるいはインド、あるいはギリシアからスタートした哲学の歴史は連綿と続くこれら二つの問いに対する答えの提案と、その後の時代に続く哲学者からの否定と代替案の提案によって成り立っています。

哲学の提案には必ず大きな「否定」が含まれていなければなりません。物理の法則と同じで、なにか大きな「肯定」をするためには、何か大きな「否定」が必ずつきまとうのです。

つまり、世の中で主流となっているものの考え方や価値観について、「本当にそうだろうか、違う考え方もあるのではないだろうか」と考えることが、「哲学する人」に求められる基本的態度だということになります。

さらに付け加えれば、この「本当にそうだろうか」という批判的疑念の発端となる、微妙な違和感に自分で気づくこともまた、重要なコンピテンシーです。

昨今、世界中で瞑想を中心としたマインドフルネスに関する取り組みが盛んです。マインドフルネスと哲学というと、あまり結節点はないように思われるかもしれませんが、「自分の中に湧き上がる、微妙な違和感に気づくのが大事」という点で、両者は共通の根っこを持っているのです。

## 哲学　お薦め書籍

『哲学大図鑑』
ウィル・バッキンガム
（三省堂）

『寝ながら学べる構造主義』
内田樹（文春新書）

『世界十五大哲学』
大井正／寺沢恒信（PHP 文庫）

『バカの壁』
養老孟司（新潮新書）

『新訳 弓と禅』
オイゲン・ヘリゲル
（角川ソフィア文庫）

『竹田教授の哲学講義21講
21世紀を読み解く』
竹田青嗣（みやび出版）

『自由からの逃走』
エーリッヒ・フロム
（東京創元社）

『理性の限界　不可能性・
不確定性・不完全性』
高橋昌一郎（講談社現代新書）

『史上最強の哲学入門』
飲茶（河出文庫）

# No.4 経営学

## 思考プロセスを追体験しながら
## ビジネスの共通言語を学ぶ

### 古典から「考えるツボ」を皮膚感覚で学び取っていく

経営学を学ぶ意味については、改めてここで言及する必要はないと思います。

先述した通り、私はビジネススクールにも行かず、それどころか基本的な経済学・経営学の枠組みすら知らないままにコンサルタントに転身しましたが、かといって経営学の知識が必要ないとは思いません。

ビジネスの現場で用いられている言語は基本的に経営学の用語ですから、これを学ばないと基本的なコミュニケーションすらできないということになります。

私自身は経営学に過大な期待をすることを方々で戒《いまし》めており、どちらかというと「冷ややかな」スタンスをとっている方だと思いますが、一方で経営学を学ぶことなく、現代の世界で高い知的戦闘力を発揮することは不可能だとも思っています。

世の中の言語が経営学の枠組みで用いられている以上、好むと好まざるとにかかわらず、一定程度のリテラシーは必要だろう、ということです。

では、どのようにして経営学を独学すればいいのか？　基本は、定番中の定番をしっかりと押さえること。これに尽きます。そして、定番の書籍をしっかりと自分のものにした後は、自分の仕事と関連する領域だけをアップデートしていく、ということで十分だと思います。

このアドバイスは、個人的な大失敗がもとになっています。というのも、いまから10年以上前、経営学に関する知識をまったく持たないままにコンサルティング会社に転職した私は、ビジネススクールで用いられている教科書を中心に、経営学に関連する定番の書籍を、２年間かけてすべて読了してやろうと考え、それを実行しました。

しかし、これは極めて効率の悪いやり方で、最終的に3年間で２００冊弱の本を読了し、いまになってつくづく思うのは「読む量がこの１割だったとしても、９割の効果は得られただろうな」ということです。

問題は「どの１割」が、９割の効果を生む本なのかを、読む前に知ることができなかったということです。

後ろに載せたリストを見ていただければわかるように、私が挙げた書籍のほとんどは、いわゆる「古典」と言われるものです。

私は過去の経験から、経営学を独学するのであれば、必ず古典・原典に当たることが重要だと考えています。しかし、これが結構へビーなのです。たとえばマイケル・ポーターの『競争優位の戦略』は600ページ以上ある大部で、読み切るにはかなりの時間が必要です。

一方で、書店のビジネス書コーナーに行ってみれば、同書に関する解説書はたくさん出版されており、長い時間をかけなくてもエッセンスを学ぶことは可能に思われるかもしれません。

ここに経営学独習の落とし穴があります。断言しますが、こういった簡易版の解説書をいくら読んでも経営のリテラシーは高まりません。理由は非常に単純で、古典・原典をじっくりと読み、そこに展開されている思考のプロセスを著者と同じように追体験することで「経営の考え方」「ビジネスを考えるツボ」を皮膚感覚で学び取っていくということにこそ意味があるからです。

簡易版や解説書というのは、この思考のプロセスを端折ってフレームワークやキーワードだけを解説しているわけで、そんな知識をいくら覚えても知的体力は向上しません。

逆に言えば、経営学を学ぶに当たって、次々に出されるビジネス書の新刊を読む必要はない、ということです。もちろん、いま現在やっている仕事における実務上の要請から必要であればその限りではありません。

めったやたらに新刊のビジネス書、話題のビジネス書を読んでいる人がいますが、そんなことをするくらいなら、古典と言われる本をもう一度読み直すべきです。

すでに記述した通り、一度の読書を通じて読者が本から得られるものはそれほど多くはありません。とくに、名著・古典と言われている本であればあるほど、さまざまな角度での学びがあるものです。

こうした本は何度読んでも学びがあるので、後ろに挙げたリストを参考にしつつ、「これは！」と思った本が見つかれば、ことあるごとにそれを読み直すべきでしょう。

# 経営学　お薦め書籍

『コトラー＆ケラーのマーケティング・マネジメント』
フィリップ・コトラー他
(丸善出版)

『企業戦略論』
ジェイ B. バーニー
(ダイヤモンド社)

『競争優位の戦略』
M. E. ポーター
(ダイヤモンド社)

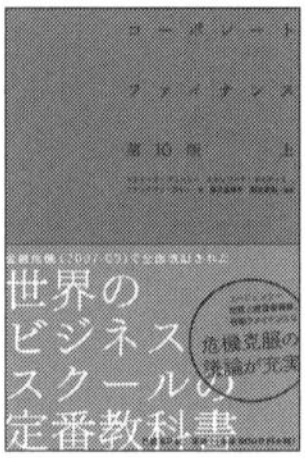


『コーポレートファイナンス』
リチャード・A・ブリーリー他
(日経 BP 社)

『イノベーションのジレンマ』
クレイトン・クリステンセン
(翔泳社)

『イノベーションの普及』
エベレット・ロジャーズ
(翔泳社)

『キャズム』
ジェフリー・ムーア
(翔泳社)

『【新版】組織行動のマネジメント』
スティーブン P. ロビンス
(ダイヤモンド社)

『戦略の経済学』
デイビッド・ベサンコ他
(ダイヤモンド社)

# No.5 心理学

## 人間がどう感じ、考え、行動するかという「不合理性」を知る

### 人間というシステムは、まったく合理的に振る舞わない

心理学を学ぶ意味について、皆さんはどう思いますか？　交渉のときの駆け引きに有利。メンタル面のケアにも大事。なるほど、そういうことももちろんあると思います。しかし、ビジネスのあらゆる側面には最終的に「人」が関わることになるわけで、であれば、その「人」がどのように感じ、考え、行動するかを研究する学問である「心理学」が、ビジネスパーソンにとって大きな示唆を与えてくれるのは当然のことです。

ポイントになるのは、「人間は合理的ではない」という点です。ここが非常に重要。前節では経済学を学ぶことの意味について触れましたが、経済学、なかでも古典派経済学で

は、人間を「合理的な存在」として仮定します。平たい言い方をすれば、市場を構成するプレーヤーである個人は、経済的利得の最大化を目指して合理的に判断する存在として仮定するわけです。

経済学というのは市場というシステムの振る舞いを研究する学問だ、ということはすでに述べましたね。このシステムの振る舞いを解き明かすために、システムの構成要素である人間がどのように意思決定するかをモデル化しているわけです。

ところが、ここに大きな問題があって、人間というのはまったく合理的ではないのです。本来であれば合理的に振る舞うはずの人間が、多くの場合、不合理に振る舞ってしまう。この不合理な振る舞いをなぜするのかを解き明かそうとするのが「心理学」という学問だと言えます。

これがなぜ重要なのかわかりますか？　たとえばマーケティングを考えてみた場合、市場に存在する消費者がすべて合理的な存在であれば、費用対効果を勘案してもっとも優れた商品だけが生き残り、残りはすべて淘汰されることになります。

ところが、実際にはどうかというと、人間は不合理なため、必ずしも費用対効果がもっとも高い商品が生き残るわけではない。では、どんな商品が生き残るのか？　それは、人間の不合理な判断基準にフィットした商品だということになり、この人間の「不合理性」

が、どのような性格を持っているのかを知ることが大事だということになります。

人間というシステムが合理的な振る舞いをするのであれば「心理学」という学問は必要ありません。なぜなら、予測ができるからです。利得の最大化だけが目的なのであれば、効用関数を書くことさえできれば振る舞いは完全に予測することができます。

ところがそうではない、必ずしも合理的ではない、いや明らかに損だということがわかっているようなこともやってしまうのが人間ですから、このような不可思議な人間の振る舞いを研究するのが心理学だということになります。

## 心理学　お薦め書籍

『ファスト＆スロー』
ダニエル・カーネマン
（ハヤカワ・ノンフィクション文庫）

『現代心理学Ｉ』
P.G. ジンバルドー
（サイエンス社）

『心理学大図鑑』
キャサリン・コーリン
（三省堂）

『社会心理学講義』
小坂井敏晶（筑摩選書）

『フロー体験 喜びの現象学』
M. チクセントミハイ
（世界思想社）

『影響力の武器［第三版］』
ロバート・B・チャルディーニ
（誠信書房）

『ポジティブ心理学の挑戦』
マーティン・セリグマン
（ディスカヴァー・トゥエンティワン）

『昔話の深層』
河合隼雄
（講談社＋α文庫）

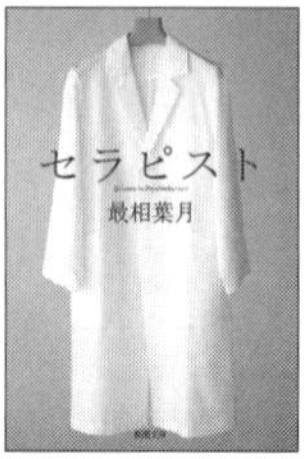


『セラピスト』
最相葉月
（新潮文庫）

人間のすべての知識のなかで
もっとも有用でありながら
もっとも進んでいないものは、
人間に関する知識であるように
私には思われる。

ルソー『人間不平等起原論』

# No. 6 音楽

## 全体構想の良し悪しを直感的に判断できる力を高める

良い戦略は、全体として美しい音楽のような調和を持っている

音楽を学ぶ意味についてはさまざまな論考が出されていますが、私自身の経験からこれを一言でまとめるとすれば、「全体を直感的に掴む能力を高める」ということになるかと思います。この力は、ロックやジャズでも高めることができると思いますが、ここではもっとも効果が高いと思われるクラシック音楽を用いて説明します。

いわゆるクラシック音楽にはさまざまな楽曲形式があります。一つの楽器で演奏する独奏、弦楽器4本で演奏する弦楽四重奏、もう少し規模の大きい室内楽などです。このうち、中でももっともメジャーな楽曲形式の一つに交響曲と言われるジャンルがあります。

交響曲は短いもので30分、長いもので1時間程度になります。つまり聴く側は、30分から1時間程度の音楽を聴きながら、そこに起承転結を読み取っているわけです。

このとき、その起承転結がいかにもスムーズかつ意表を突くように運ばれているのが、いわゆる名曲と呼ばれるものであり、その逆、つまりスムーズだけれども驚きがない、あるいは意表を突くけれどもギクシャクしているような曲は、駄作とされるわけです。

よほどのマニアでもない限り、現在の私たちが聴くのは、歴史のヤスリにかけられて残った名曲ばかりですから、このような名曲を聴くことで、作曲家が構想した「横軸の全体」を、私たちもまた追体験することになります。

評論の神様と呼ばれた小林秀雄はモーツァルトに心酔し、その名も『モオツァルト』と題した随想を残しています。この随筆の中に、モーツァルト自身がどのようにして曲を構想していたかについて、小林秀雄が考察を巡らす箇所があります。

---

モーツァルトのてがみは言う——構想は心の中に全体として姿をみせる。作品は想像のうちで完成し、書きつけるのはアヒルの話をしながらでもできる。

小林秀雄『モオツァルト』（筆者要約）

モーツァルトの場合、全体の構想は、「気づいたときにはそこにある」というくらいに、天から降って湧いたようにでき上がっていたようですが、一方で、ベートーヴェンやブラームスの場合、何年ものあいだ推敲に推敲を重ねて、曲の構想を練り上げていました。

ベートーヴェンが使っていたというノートを見てみると、彼がさまざまな試行錯誤をしながら、楽想を練り上げていったことがわかります。ここら辺は、いかにも天才肌のモーツァルトと努力型のベートーヴェンの違いが表れていて興味深い点です。

実はベートーヴェンは、モーツァルトの弟子として勉強していた時期があったようなのですが、そのときの思い出として、モーツァルトがトイレに入って、出てきたらトイレットペーパーにメロディが書かれていて、それが本当に素晴らしい。自分は必死になってメロディを生み出そうとしているのに、この人はウンコと一緒にメロディをひり出してしまうのかと思ってびっくりした、というような思い出を残しています。

そして、その彼らの音楽を聴き比べると、そのような「構想の仕方」の違いが、音楽に表れていることが感じられてとても面白い。

高水準の知的パフォーマンスを発揮した人物を並べてみる

**ヴォルフガング・アマデウス・モーツァルト**
（1756～1791）音楽家

と、セミプロ以上の水準で音楽を嗜《たしな》んでいた人物が少なくありません。たとえばモーツァルトを愛好し、どこに旅行に行くにも愛用のバイオリンを携えていたアインシュタインは有名ですし、ソニーの世界戦略を主導した大賀典雄氏は、そもそも本職のバリトン歌手から転身してソニーに入社しており、晩年はしばしばオーケストラの指揮もしていました。

あるいは、マッキンゼーの元日本代表である大前研一氏はセミプロ級のクラリネットの使い手であったこともよく知られていますし、シンガーソングライターの小椋佳氏は、第一勧銀で幹部職を務めながら、早退届を出して武道館でコンサートをやっていました。

音楽に関する長期間にわたるトレーニングが脳に何らかの変化を及ぼし、その変化が知的生産にポジティブな影響を与えることは、さまざまな研究から明らかになっています。

この点について、以前に大前氏から受けたアドバイスが、いまでも心に残っています。大前氏は私に対して「良い戦略、良い事業プランというのは、全体として美しい音楽のような調和を持っている。要素や部分に分解して、良い悪いという問題ではない。全体構想としての調和、それが一番大事だ」というのです。

これはつまり、交響曲を聴いて直感的に感じる「良い・悪い」というのと同じように、事業プランを判断するべきだといっているわけです。このような「構想の良し悪しを判断する感受性」は、音楽以外に鍛えるすべがありません。

# 音楽　お薦め書籍

『東京大学のアルバート・アイラー 東大ジャズ講義録・歴史編』
菊地成孔／大谷能生
（文春文庫）

『小澤征爾さんと、音楽について話をする』
村上春樹／小澤征爾
（新潮文庫）

『音楽の基礎』
芥川也寸志（岩波新書）

『西洋音楽史「クラシック」の黄昏』
岡田暁生（中公新書）

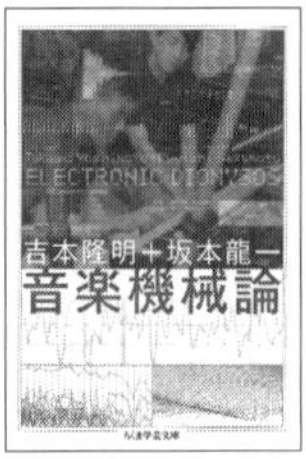


『音楽機械論』
吉本隆明／坂本龍一
（ちくま学芸文庫）

『音楽』
小澤征爾／武満徹（新潮文庫）

『マイルス・デイビス自叙伝』
マイルス・デイビス
（宝島社文庫）

『谷川俊太郎が聞く、武満徹の素顔』
谷川俊太郎（小学館）

『阿久悠神話解体 歌謡曲の日本語』
見崎鉄（彩流社）

# No.7 脳科学

## 人間がしばしば起こすエラーを正確に理解・予測する

### 人間の「不合理さ」には一定のパターンがある

脳科学を学ぶ意味は、一言「人間を知る」ということにほかなりません。本章ではすでに心理学を取り上げて、これを学ぶ意味についても考察していますが、脳科学を学ぶ意味も基本的には同じことです。すなわち、「ある局面において、人間がどのような振る舞いをするかを、正確に理解・予測できる」ということです。

心理学の項で述べたように、人間は必ずしも合理的に振る舞うわけではありません。端から見れば極めて不合理な振る舞いをしてしまうのが人間だということですが、これは非常に困ったことなんですね。

というのは、不合理な振る舞いというのは予測しにくいわけです。側から見ていて、この局面であれば、このように振る舞うだろうなと予測できるのは、その人が同じ効用関数を持っていて合理的に判断するからです。

わかりやすい例を挙げれば将棋がそうです。将棋の指し手は「王将を取る」という目標に向けて、その期待値がより高まるように手を打ちます。側から見ている人も同じゴールを共有しているからこそ、「次はこういう手を打つんじゃないか？」と予測できるわけです。

ところが、当のプレーヤーが不合理であれば、このような予測は大きく外れることになります。極端な話、わざと負けるように打とうとする指し手が、次にどのような手を打つかは、「勝つ」という目的を持ってそれを見ている人には予測できません。

では、人間の不合理な振る舞いは予測できないのか？　いや、これが実はそうでもなさそうだということが、最近の心理学・脳科学の研究結果からわかりつつあります。

心理学者のダニエル・カーネマンは、そのような不合理な人間の振る舞いについての研究から、ノーベル経済学賞を受賞しましたが、この研究で注目すべきなのは、人間はそれほど合理的ではないものの、その「不合理さ」には一定のパターンがある、ということです。

人間というシステムは、しばしばエラーを起こし、不合理な演算を行うわけですが、その「エラーの出方」には一定のパターンがある、ということがわかってきたのです。

心理学や脳科学を学ぶというのは、人間というシステムがしばしばおかしてしまうエラーについて、「エラーの出方」のパターンを学ぶということにほかなりません。

そして「知的戦闘力を向上させる」ということは、とりもなおさず次の二つの問い、すなわち「いま、何が起きているのか？」「これから、何が起きるのか？」という問いに対して、高い確度の答えを得る技術を高めるということなのです。

このように考えてみると、「人が、どのような場合に、どのように合理的、あるいは不合理的に振る舞うのか」を研究する学問である脳科学が、大きな示唆を与えてくれるであろうことはおわかりいただけると思います。

## 脳科学　お薦め書籍

『脳科学の教科書 こころ編』
理化学研究所脳科学総合研究センター（編）
（岩波ジュニア新書）

『最新脳科学で読み解く 脳のしくみ』
サンドラ・アーモット他
（東洋経済新報社）

『進化しすぎた脳 中高生と語る「大脳生理学」の最前線』
池谷裕二
（講談社ブルーバックス）

『EQ　こころの知能指数』
ダニエル・ゴールマン
（講談社＋α文庫）

『〈わたし〉は脳に操られているのか』
エリエザー・スタンバーグ
（インターシフト）

『脳科学の教科書　神経編』
理化学研究所脳科学総合研究センター（編）
（岩波ジュニア新書）

『脳科学は人格を変えられるか？』
エレーヌ・フォックス
（文春文庫）

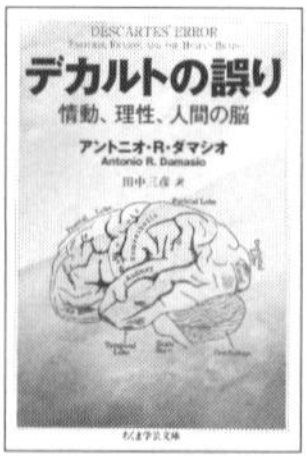


『デカルトの誤り 情動、理性、人間の脳』
アントニオ・R・ダマシオ
（ちくま学芸文庫）

『〈わたし〉はどこにあるのか ガザニガ脳科学講義』
マイケル・S. ガザニガ
（紀伊國屋書店）

小説の優れた点は、読んでいるうちに、
「嘘を検証する能力」が身についてくることです。
小説というのはもともとが嘘の集積みたいなものですから、
長いあいだ小説を読んでいると、
何が実のない嘘で、何が実のある嘘であるかを
見分ける能力が自然に身についてきます。
これはなかなか役に立ちます。

村上春樹『村上さんのところ』

# No. 8 文学

## 「実のある嘘」から人間性を深く理解する

### 彼《か》の地の社会や風俗……「生きた人間」を立ち上がらせる

文学を学ぶ意味について、私としては二つの点を指摘したいと思います。

一つ目は、よりよく世界や人間を理解するための情報として、とても有用だということです。

たとえば、現在の日本に生きている私たちにとって、19世紀後半のパリや20世紀半ばのアフリカにおける生活・社会・風俗を、感覚的に理解するのは非常に難しいことです。どんなに当時の統計数値や社会・風俗に関するレポートを読んでも、頭に入ってくるのは抽象的な情報だけで、そこから「生きた人間」を立ち上がらせることは難しい。ところが、文学作品というのは、それを可能にしてくれるわけです。

たとえば19世紀のパリについてはバルザックの『ゴリオ爺さん』を、あるいは20世紀半ばのアフリカについてはカプシチンスキの『黒檀』を読めば、そこにありありと当時の、彼《か》の地の社会や風俗や人々が立ち上がってくるのがわかります。

そして、これらの人々が劇中においてどのように考え、振る舞っているかを知ることは、人間や社会の振る舞いをより深く知るために、とても有用な情報となります。

文学を学ぶ意味について、二つ目の点について指摘したいと思います。

作家の村上春樹は「実のある嘘を見抜けるようになる」と指摘しています。これはどういうことでしょうか？

世界最古の長編文学と言われる『源氏物語』について、本居宣長は、その文学としての本質は「もののあはれ」にある、と指摘しました。「もののあはれ」というのは、なかなか捉えにくい概念で、たとえばこれを英語の百科事典でひいてみると「ペーソス・オブ・シングス＝Pathos of things」と、なにやらよくわからない訳が付されている。しかし、本居宣長が用いた

**本居宣長**
（1730～1801）国学者

本来の意味を汲み取れば、むしろ「人間性＝humanity」と訳すべきでしょう。人間の度し難さ、人生の儚《はかな》さに対する一種の感嘆詞です。

「あはれ」という言葉は、元々は「ああ、はれ」という、「切なさ」や「儚さ」への感動を表す感嘆詞が詰まったものです。ちなみに、公家文化が隆盛を極めた平安時代に盛んに用いられた、この「あはれ」という言葉は、やがて鎌倉時代を迎える頃から、音韻的にも意味的にも変容し、いかにも武家的な「あっぱれ」という硬骨な言葉に変容していきます。

時代の変化に合わせて美的感性が変化し、その変化に呼応するかたちで言葉のトーンも変化しているわけで、この辺はとても面白いと思います。

それはともかくとして、話を元に戻せば、『源氏物語』について、本居宣長が指摘した「もののあはれ」というのは、つまり、『源氏物語』に平安時代特有の「人間性」が表現されている、ということなのです。

そしてこれは、『源氏物語』だけでなく、すべての名作と言われる文学作品に通底していることです。村上春樹が指摘するように、優れた文学作品が「実のある嘘」というのは、たとえ嘘であったとしても、そこに「人間性」を深く理解するためのよすががあるということです。

## 文学　お薦め書籍

『罪と罰』
ドストエフスキー（新潮文庫）

『嵐が丘』
エミリー・ブロンテ
（新潮文庫）

『高慢と偏見』
ジェーン・オースティン
（岩波文庫）

『人形の家』
イプセン（岩波文庫）

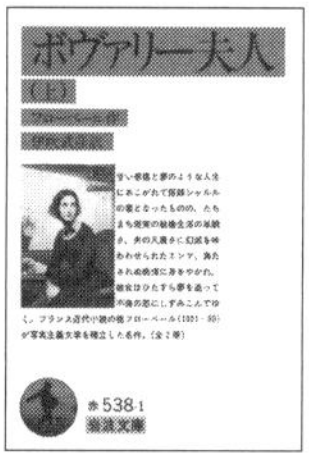


『ボヴァリー夫人』
フローベール（岩波文庫）

『変身』
フランツ・カフカ（新潮文庫）

『オン・ザ・ロード』
ジャック・ケルアック
（河出文庫）

『楽園への道』
マリオ・バルガス＝リョサ
（河出文庫）

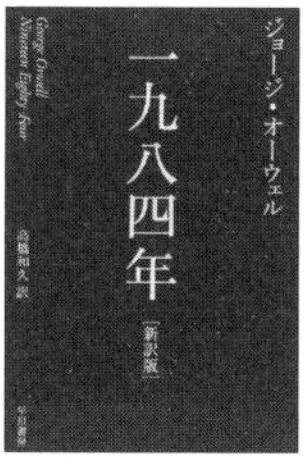


『一九八四年［新訳版］』
ジョージ・オーウェル
（ハヤカワ epi 文庫）

大部分の人はメタファーなどなくとも、
日常生活はなんら痛痒を感ずることなく
やっていけるものと考えている。
ところが、われわれ筆者に言わせれば、
言語活動のみならず思考や行動にいたるまで、
日常の営みのあらゆるところにメタファーは浸透しているのである。
われわれが普段、ものを考えたり行動したりする際に
基づいている概念体系の本質は、
根本的にメタファーによって成り立っているのである。

ジョージ・レイコフ他『レトリックと人生』

# No. 9 詩

## レトリックの引き出しを増やして「言葉の力」を身につける

### 歴史に名を残したリーダーは巧みなメタファーでビジョンを伝えた

次に詩を学ぶ意味について考えてみましょう。ビジネスパーソンの中には、詩を読むのが趣味だ、詩を読むと想像が広がって世知辛い日常から離れられる、という人も少なからずいらっしゃると思います。

何を隠そう私自身もその一人なのですが、ここではそういった「純粋な詩の悦楽」については触れず、「知的戦闘力を高める」という本書の目的に照らして考えてみたいと思います。

結論から言えば、それは「レトリックの引き出しを増やす」ということになります。レトリックというのは、そのまま日本語に訳せば「修辞」ということですが、わかりやすく言えば「言葉を用いた巧みな表現」のことです。

特に重要なのがメタファー＝比喩の用い方です。詩というのは、もっとも濃密にメタファーが埋め込まれている文学作品ですから、メタファーを学ぶにはもってこいの題材なのです。

しかし、ではメタファーを学ぶことが、どうして「知的な武器」になるのか。答えは「リーダーにはレトリックが不可欠だから」ということになります。

日本では「言葉巧み」というと、なんとなくペテン師っぽいというか、上っ面だけの技術に思われている節があり、実際に「言葉巧みなだけで中身はいまひとつ……」という人が少なくないのですが、欧米ではレトリック、つまり言葉を巧みに用いて自分のメッセージを他者に伝える技術は、リーダーにもっとも必要な素養と考えられています。

リーダーシップにおける「言葉」の重要性に、恐らく歴史上最初に注目したのが、古代ギリシア時代の哲学者、プラトンでした。プラトンは、彼の著書である『パイドロス』の中で、リーダーシップにおける「言葉の力」について、ここま

『パイドロス』
プラトン（岩波文庫）

でやるか、というほどに徹底した考察を展開しています。

パイドロスというのはソクラテスの弟子の名前です。プラトンは著書の中で、師であるソクラテスと、その弟子であるパイドロスとの議論というかたちで、リーダーに求められる「言葉の力」とは、どのようなものだろうかという議論を展開しています。

この議論の中で、レトリック＝修辞に対置されているのは、ダイアローグ＝対話です。非常に興味深いことに、『パイドロス』では、リーダーにはレトリックが必要だ、と主張する弟子のパイドロスに対して、プラトンの師匠であるソクラテスがこれを批判し、真実に至る道はダイアローグ＝対話にしかないんだ、と説得する構成になっています。

なぜ、ソクラテスがこういうことを言っているかというと、レトリックというのは一種の「まやかし」だということなんです。まさに日本人の多くが感じているように、言葉巧みに弁舌をふるって人を沸き立たせるような技術は人心を誤らせる、ということなのです。

ソクラテスのこの指摘は、たとえばヒトラーの魔術的な演説の力を知っている現在の私たちには、とても説得力のあるものです。だから、ソクラテスはレトリックなんかに頼っちゃいけない、レトリックは危ない、そんなものには真実に至る道はないんだと言っているわけです。

一方でパイドロスは、そうは言っても、言葉巧みに弁舌を振るう哲学者や政治家に対する憧れがあって、「やっぱりレトリックは大事じゃないか」と反論するわけですが、師匠はそれを半ば嘆きつつ、パイドロスを説得しているという、まあそういう構図の対話なんです。

ここに、ビジネスリーダーが詩を学ぶ意味が浮かび上がってきます。レトリックというのは、「言葉を用いた巧みな表現」ということですが、この「巧みさ」は、メタファー（＝比喩）の引き出しによるところが大きい。歴史に名を残した過去のリーダーを思い返してみれば、彼らの多くが巧みなメタファーの使用によって、自分のビジョンやメッセージを印象付けていたことが思い出されます。

西欧諸国と東欧諸国に分かれた欧州を「鉄のカーテン」と表現したウィンストン・チャーチル、経営危機に陥ったノキアを「炎上するお立ち台」と表現したノキア元ＣＥＯのスティーブン・エロップ、再生途中のＩＢＭを「外界から隔絶した孤島」と表現したルイス・ガースナーなどなど。彼らは、事細かな数値や回りくどい説明を避け、たった一言で、自分のメッセージのエッセンスを表現しています。

リーダーとメタファーの関係について、経営学者の野中郁次郎氏は次のように指摘しています。

メタファーはまた、企業ビジョンの構築や伝達においても有効です。メタファーによって、事業の進むべき方向、組織のあるべき構造などを示すことができます。往々にして、知の重要性を理解するリーダーは、こうしたメタファーを生み出すことをきわめて重視していると言えます。

野中郁次郎／紺野登『知識創造の方法論』

そして、詩というのは、その多くが巧みなメタファーを含んでいるわけですから、メタファーを学ぶにはもってこいの題材だということです。

## 詩　お薦め書籍

『詩ってなんだろう』
谷川俊太郎（ちくま文庫）

『詩のこころを読む』
茨木のり子
（岩波ジュニア新書）

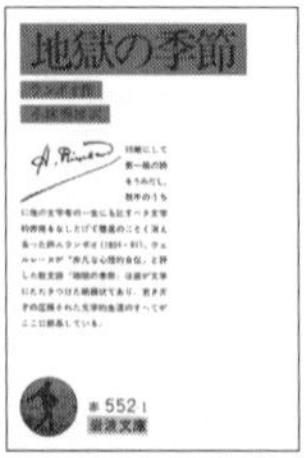


『地獄の季節』
ランボオ（岩波文庫）

『みだれ髪』
与謝野晶子（新潮文庫）

『中原中也詩集』
中原中也（新潮文庫）

『繰り返し読みたい日本の名詩一〇〇』
彩図社文芸部（彩図社）

『世界の名詩を読みかえす』
飯吉光夫［訳・解説］
（いそっぷ社）

『新唐詩選』
吉川幸次郎ほか（岩波新書）

『ヘッセ詩集』
ヘルマン・ヘッセ（新潮文庫）

# No. 10 宗教

## 特定の組織や個人の思考・行動パターンを理解する

### イノベーションがプロテスタントの国から生まれるのは偶然ではない

ホワイトカラーとして働くビジネスパーソンにとって、宗教を学ぶことはどんな意味があるのでしょうか？

もちろん「世界情勢を理解するため」とか「良識ある大人としての教養」といった側面もあるでしょう。しかし、こと「知的戦闘力を向上させる」という目的に照らしてみれば、もっとも重要な「宗教を学ぶ意味」は、ある宗教に所属する組織や個人の「思考様式・行動様式を理解すること」だと思います。

先ほど、心理学が「不合理な人間の振る舞いを理解するため」に重要だという指摘をしました。人間を、「周囲の環境から情報を取得し、取得した情報を過去の経験や論理に基づいて処理し、出力された示唆や予測に基づいて行動する」という、一つのシステムとして考えた場合、このシステムが合理的にできているのであれば、それほど苦労はありません。本人の効用関数さえ理解できれば、どのような振る舞いをするかは、かなりの程度予測できるようになります。

ところが、先述した通り、人は極めて不合理な振る舞い方をします。ただ、その「不合理さ」には一定の傾向があるため、これを整理して心理学という学問として体系化しているわけです。

だから、心理学を学ぶことは「人間の振る舞い」を理解する、あるいは予測するために有用だということなのですが、宗教もまた、同じように「人間の行動や思考のパターン」について、理解することを助けてくれます。

人間をシステムとして考えた場合、心理学が人間という情報処理システムのプロセッサーについて、生来的に持っているバグやエラーを研究する学問だとすれば、宗教というのは同じシステムのOSについて理解することを助けてくれる学問だといってもいいでしょう。

過度な一般化は往々にして大きな誤謬の元となるので注意が必要ですが、たとえばプロテスタントの国とカトリックの国とイスラム教の国とでは、やはりそこに所属する組織や個人の振る舞いやものの考え方は異なります。

たとえば私は「イノベーションの起こる組織」について、長年研究を続けていますが、イノベーションが起こりやすい組織というのは、全般に「上下間の風通し」がいい、ということがわかっています。

たとえば、組織の中の偉い人が、あるアイデアを口に出したとして、「そんなのダメですよ」という意見を若手が平気で言えるような組織であればあるほど、イノベーションが起こりやすいということです。

では、どの組織も「若手が平気で幹部に対して反論できるような組織」を目指せばいいじゃないか、ということになるのですが、実はここに大きな問題があります。

というのも、この「若い人が、偉い人に対して平気で反論できる」という程度には、民族間で大きな差があることがわかっているからです。ここでは具体的なデータを示すことはしませんが、この程度を数値化して並べてみると面白いことに気がつきます。

まず、上位を占めているのは、ほぼすべてプロテスタントとユダヤ教の国です。その後で仏教・儒教・ヒンズー教の国が続き、その後にイスラム教、最後にカトリックの国が続くことになります。

イノベーションというと、とかく技術論や経営論の話になりがちですが、そもそも産業革命以来、主だったイノベーションがプロテスタントの国から生まれていることは偶然ではありません。

それは、プロテスタンティズムというものが信者に突きつけている思考や行動の様式と、現在の世界において事業を創造し、拡大するという営みが大変フィットしているからなのです。

このような事実を理解すれば、各宗教がどのような教義の体系を持ち、信者にどのような思考や行動の様式を求めているかを知ることが、いかに重要な示唆を与えてくれるかは容易に理解できると思います。

## 宗教　お薦め書籍

『キリスト教神学入門』
アリスター・E. マクグラス
（教文館）

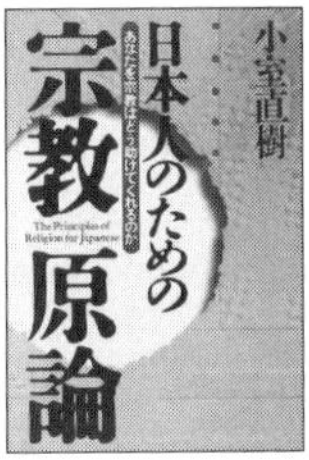


『日本人のための宗教原論』
小室直樹（徳間書店）

『新約聖書　新共同訳』
日本聖書協会［編］
（日本聖書協会）

『ヨブへの答え』
C.G. ユング（みすず書房）

『カルト教団太陽寺院事件』
辻由美（新潮 OH! 文庫）

『イエスという男 第二版
増補改訂』
田川建三（作品社）

『イエスの生涯』
遠藤周作（新潮文庫）

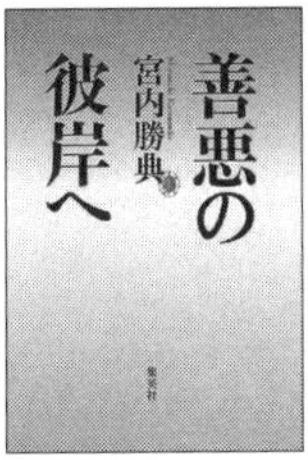


『善悪の彼岸へ』
宮内勝典（集英社）

『約束された場所で』
村上春樹（文春文庫）

No.11

# 自然科学

## 新たな発見や仮説がビジネスの問題解決の糸口になる

### 昆虫の研究が組織の生産性の洞察へとつながる

エンジニアやリサーチャーでもない限り、自然科学領域において得られた知識が、そのままアウトプットに直結することはありません。

では、ビジネスパーソンが自然科学領域の勉強をすることに意味がないのかというと、私は決してそのようには思いません。というのも、自然科学領域のさまざまな研究は、ビジネス領域において、優れた仮説を構築するための洞察や示唆を与えてくれるからです。

たとえば、昆虫に関する研究などはわかりやすい例です。蟻塚には7割の働き蟻と、3割の働かないサボり蟻がいます。この3割のサボり蟻を取り除いて、7割の働き蟻だけを残してみると、この働き蟻の中から再びサボり蟻が出てきて、比率は元の通りになってしまう。この現象自体は昔からよく知られていましたが、なぜそのようになるのかはよくわかっていませんでした。

ところが最近になって実施されたコンピューター・シミュレーションを用いた研究から、意外なことがわかってきました。それはどういうことかというと、10割、つまりすべての蟻が働き蟻だという蟻塚と、７割の働き蟻と３割のサボり蟻からなる蟻塚とを比較した場合、生存確率は後者の方が高い、ということです。

これは指摘されてみれば実に当たり前のことなんですが、要するに10割を働き蟻にしてしまうと、危機対応ができなくなってしまうわけです。

たとえば、皆さんも記憶にあると思いますが、子供は蟻の巣に大量の水を流し込んだり、あるいは火のついた花火の先端を突っ込んだりする。こういうとき、すべての蟻が働き蟻だという蟻塚では、この危機対応のためにリソースが配分できないわけです。

もしリソースを配分すれば、元々やっていた仕事は放棄されるわけですから、蟻塚の運営は危機にさらされることになります。すべての蟻が働き蟻だということは、すべての蟻が「意味のある仕事」をやっているということです。

この場合、「意味のある仕事」というのはコロニーの存続にとって欠かせない仕事だということです。このような仕事に携わっている以上は、どんな事態が発生したとしても、自分の仕事を放っておくわけにはいきません。

つまり、サボり蟻というのは、危機対応のためにだけ存在しているわけで、3割のサボり蟻を排除すると、残りの7割の働き蟻の中から、やがて3割のサボり蟻が再び生まれるということは、「働く」とか「サボる」とかというのは、個体にインストールされた属性ではないということです。

つまり、常に働いていない蟻を「サボり蟻」と認識するのは、人間がそのような認識を持っているからに過ぎないわけで、一見すれば「サボり蟻」に見える蟻も、危急存亡のときに備えたバッファなのだと考えれば、それで辻褄が合うわけです。

この示唆を組織論に当てはめるとどうなるかというと、稼働率100%の組織では、危急存亡のときに対応できないという洞察が得られます。そして実際に、組織論の世界においてそのような研究もなされています。

たとえば、ハーバード・ビジネス・スクールのステファン・トムク教授は、知的専門職におけるチームの稼働率と生産性を研究し、平均稼働率が80%から90%に高まると、処理時間は2倍以上になり、さらに稼働率が90%から95%に高まると、処理時間はさらに倍増することを明らかにしています。

こう書けば「ふーん……」と思うだけかもしれませんが、稼働率が80％ということは10人のチームで言えば、２人は働いていないということです。稼働率80％のチームと90％のチームを比較したときに、後者の生産性は前者の半分以下でしかないというトムク教授の指摘は、つまり「10人のうち２人働いていないチーム」と「１人働いていないチーム」を比較したときに、２人働いていないチームの方が生産性は高い、ということを言っているわけで、これは私たちのナチュラルな感覚からすると相当に違和感のある結果です。

稼働率が高まると生産性が上がるという誤解は、私たちの多くが「製造業」のモデルで生産性を思考するクセがついているためです。実際にトムク教授は、「製造や取引処理のような、変化に乏しくて例外的な突発事項がほとんど発生しないような、稼働の予見可能性の高いルーチン業務においては、稼働率の高さと生産性は相関する」と指摘しています。

この蟻塚の研究はほんの一例ですが、このように、自然科学の領域における新たな発見や仮説が、ビジネスの世界で起きていることを解明するためのきっかけになることは少なくありません。

## 自然科学　お薦め書籍

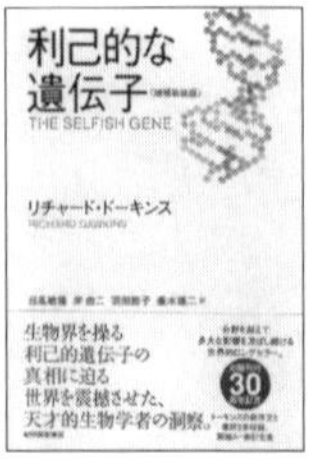


『利己的な遺伝子〈増補新装版〉』
リチャード・ドーキンス
（紀伊國屋書店）

『働かないアリに意義がある』
長谷川英祐（中経の文庫）

『新版 動的平衡』
福岡伸一
（小学館新書）

『部分と全体』
W.K. ハイゼンベルク
（みすず書房）

『サイバネティックス』
ノーバート・ウィーナー
（岩波文庫）

『生命とは何か』
シュレーディンガー
（岩波文庫）

『科学の発見』
スティーヴン・ワインバーグ
（文藝春秋）

『二重らせん』
ジェームス・D・ワトソン
（講談社ブルーバックス）

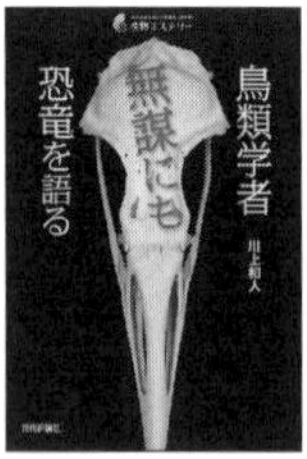


『鳥類学者 無謀にも恐竜を語る』
川上和人（技術評論社）

# おわりにかえて

さて、本書を閉じるにあたって、読者の皆さんに一つのクイズを出したいと思います。

次に挙げる人物に共通する点は、なんだと思いますか？

アルバート・アインシュタイン、チャールズ・ダーウィン、グラハム・ベル、ルードヴィッヒ・ヴィトゲンシュタイン、トーマス・エジソン、ライト兄弟。

いずれも20世紀において、それぞれの分野における「知的革命」を推進した人物ですが、彼らには一つの共通点があります。それは彼らが、独学を通じて世の中にインパクトを出したということです。

アインシュタインが特殊相対性理論をはじめとした四つの主要論文を一気に書き上げたのは1905年のことですが、このとき、アインシュタインは研究機関に所属せず、スイスの特許事務所で働きながら研究を続けている「アマチュア研究者」でした。

あるいはチャールズ・ダーウィンは、本業である地質学の研究を続けながら、生物学について独学し、革命的な「種の起源」を著しています。音声学の教授という正職を持ちながら、独学で電信の研究に打ち込んだグラハム・ベル、さらには数学を専攻したものの途中から哲学の研究へと没頭したウィトゲンシュタインや、小学校を3か月で退学した後、新聞配達などの職を転々としながら独学を続けたエジソン、自転車屋で糊口《ここう》を凌ぎながら動力飛行の研究を続け、最後にはこれを成功させたライト兄弟など、過去の歴史を振り返れば、革命的な業績の多くが「独学者」によって成し遂げられていることがわかります。

一方で、現在の日本に目を転じてみれば、そこには病的な「専門家信仰」が目につきます。組織の中で、「博士号取得以来、この道一筋ン十年」というような人が、専門家としてハバをきかせているわけです。彼らのうちの少なくない人々が、組織内の若手や非専門家ら部外者の意見や提案を、専門家の印籠《いんろう》のもとに「素人の戯言」と一蹴し、結果として世界の進化を阻むことに少なくない貢献をしています。

そしてそれは、まさに先述した「独学者」にも行われたことなのです。アインシュタインの特殊相対性理論は、博士号も持たないアマチュア研究者からの論文として学会から無視され、ベルの発明した電話は「おもちゃに過ぎない」と通信業界から拒絶され、ライト兄弟の発明は「空気より重い飛行機が飛ぶことは原理的にあり得ない」として、米国の科学会から長らく無視され続けました。

ライト兄弟が製作した最初の動力飛行機であるライトフライヤーが、長らく米国ではなく英国に展示されていたのは、なんら学歴や研究実績を持たないライト兄弟の成功を妬んだ米国の科学「専門家」たちが、頑なに米国内での同機の展示を拒み続けたからです。

ことほど左様に、世界の歴史は「革命的なアイデアを打ち出す独学者」と、それを潰そうとする「固陋《ころう》でプライドだけは高い専門家」たちとの戦いという図式で整理することができます。核磁気共鳴画像法（ＭＲＩ）の共同発明者としてノーベル賞を受賞したポール・ラウターバーは「サイエンスやネイチャーなどの権威ある雑誌から掲載を拒絶された論文を並べると過去50年の科学の偉大な業績を知ることができる」と説明しているくらいです。

しかし、いま世界は独学者にとって、またとない活躍の舞台となりつつあります。今日、大学の授業をはじめとして、学びのためのコンテンツはあらゆるところに溢れており、かつての独学者たちが負ったハンディを私たちは負わずに、むしろ自由で柔軟なカリキュラムという「独学の美点」だけを最大限に掴み取ることができる時代に生きています。

願わくば、ここまで本書をお読みいただいた読者の皆さんには、独学者こそが世界を変える契機をつくりだしてきたのだ、という矜持《きょうじ》を持っていただいた上で、明日からの独学者人生を歩んでいただければと思います。

晩夏の葉山一色海岸にて、夕焼けを眺めながら

山口　周

写真：
Gin Kai, U.S. Naval Academy, Photographic Studio（P.9）
The Volkswirtschaftliches Institut, Universitat Freiburg, Freiburg im Breisgau, Germany（P.19）
UNESCO/Michel Ravassard（P.101）
Marcin Wichary from San Francisco, U.S.A.（P.115）
Willy Pragher（P.241）

P.1のチャールズ・ダーウィンの引用は、
フランス・ヨハンソン『アイデアは交差点から生まれる』より


［著者］

**山口 周**（やまぐち・しゅう）

1970年東京都生まれ。慶應義塾大学文学部哲学科卒業、同大学院文学研究科美学美術史学専攻修士課程修了。電通、ボストン・コンサルティング・グループ等を経て、組織開発・人材育成を専門とするコーン・フェリー・ヘイグループに参画。現在、同社のシニア・クライアント・パートナー。専門はイノベーション、組織開発、人材/リーダーシップ育成。
著書に『世界のエリートはなぜ「美意識」を鍛えるのか？――経営における「アート」と「サイエンス」』『外資系コンサルの知的生産術――プロだけが知る「99の心得」』『世界で最もイノベーティブな組織の作り方』『天職は寝て待て――新しい転職・就活・キャリア論』『グーグルに勝つ広告モデル――マスメディアは必要か』（岡本一郎名義）（以上、光文社新書）、『外資系コンサルのスライド作成術――図解表現23のテクニック』（東洋経済新報社）『外資系コンサルが教える 読書を仕事につなげる技術』（KADOKAWA）など。神奈川県葉山町に在住。



知的戦闘力を高める
**独学の技法**

2017年11月15日　第1刷発行
2022年7月29日　第5刷発行

著　者――山口 周
発行所――ダイヤモンド社
〒150-8409　東京都渋谷区神宮前6-12-17
https://www.diamond.co.jp/
電話／03･5778･7233（編集）　03･5778･7240（販売）

装丁――――水戸部 功
本文デザイン―二ノ宮 匡（ニクスインク）
校正――――鷗来堂
製作進行――ダイヤモンド・グラフィック社
印刷――――勇進印刷（本文）・加藤文明社（カバー）
製本――――加藤製本
編集担当――市川有人




ISBN 978-4-478-10339-5

◎この本の読者にお薦めの本◎

**人と企業はどこで間違えるのか？**
**成功と失敗の本質を探る「10の物語」**
ジョン・ブルックス［著］ 須川綾子［訳］
46並製／定価（本体1800円＋税）

**組織は戦略に従う**

アルフレッド・D.チャンドラー,Jr.［著］ 有賀裕子［訳］
A5上製／定価（本体5000円＋税）

**［新版］ブルー・オーシャン戦略**

W・チャン・キム／レネ・モボルニュ［著］ 入山章栄［監訳］／有賀裕子［訳］
46上製／定価（本体2000円＋税）

**ザ・プロフィット**
**利益はどのようにして生まれるのか**
エイドリアン・スライウォツキー［著］ 中川治子 ［訳］
46並製／定価（本体1600円＋税）

**【新版】組織行動のマネジメント**
**入門から実践へ**
スティーブン P.ロビンス［著］ 髙木晴夫［訳］
A5並製／定価（本体2800円＋税）

http://www.diamond.co.jp